www.tredition.de

AF197639

Heiko Wenner

Bioenergetisches Informationsmanagement

Die eigene Kraft, Energie und Befindlichkeit selbst steuern

www.tredition.de

© 2018 Heiko Wenner

Verlag und Druck: tredition GmbH, Hamburg

ISBN
Paperback: 978-3-7469-8595-4
Hardcover: 978-3-7469-8596-1
e-Book: 978-3-7469-8597-8

Bioenergetisches Informationsmanagement

Die eigene Kraft, Energie und Befindlichkeit selbst steuern

Heiko Wenner

Vorwort

Ich habe dieses Buch geschrieben, um in einer Welt, die uns oft das Gefühl gibt, klein, hilflos und wirkungslos zu sein, Hoffnung zu wecken und Möglichkeiten aufzuzeigen, wie wir unsere Lebenssituation und Energie verbessern und selbst steuern können.

Anhand von vielen praktischen Beispielen werden Sie in die Geheimnisse des Bioenergetischen Informationsmanagements eingeweiht.

Der Hauptgrund, warum sich eine Vielzahl von Menschen lustlos, antriebslos und niedergeschlagen durch den Alltag schleppt, ist die fehlende Energie. Ein wirkungsvoller Weg, Ihren Körper wieder mit Energie zu beleben, erfüllt das von mir entwickelte Bioenergetische Informationsmanagement.

Ich meine die Art von Energie, die Sie motiviert, etwas zu machen, etwas zu erschaffen, etwas umzukrempeln, etwas in die Hand zu nehmen, etwas zu ändern – einfach eine gute Energie zu haben, mit der Sie Resultate schaffen, auf die Sie stolz sein können.

Im Grunde genommen ist die Anwendung des Bioenergetischen Informationsmanagements so einfach, dass es viele zunächst gar nicht glauben können.

Ich verspreche Ihnen, dass Sie kein Physiker werden müssen, um diese Methode zu verstehen und für sich zu nutzen.

Um dem Konzept, das in diesem Buch dargestellt wird, besser gerecht zu werden, habe ich es in drei Teile gegliedert.

Teil I

Grundlagen

Anhand von einfachen Beispielen gebe ich Ihnen eine Einführung in die Themen „Energie, Frequenz, Schwingung und Informationen". Ich gebe Ihnen Antworten auf die Fragen: Was ist Gesundheit, Lebensenergie, Selbstheilungskraft und wozu dient unser Immunsystem. Praktisch werden Sie angeleitet, Ihre Energie zu spüren, den Grund für Leistungsabfälle zu erkennen und sich vor Energieräubern zu schützen.

Teil II

Die Entstehung des Bioenergetischen Informationsmanagements

In spannenden Berichten wird Ihnen die Entwicklungsgeschichte der Informations-Chips dargelegt. Ich gehe dabei auch auf die Vielzahl der Heilerfolge und wissenschaftlichen Erkenntnisse ein, die letztendlich wesentlich zur Entwicklungsmethode beigetragen haben.

Teil III

Die Arbeit mit den Informations-Chips

Anhand von vielen praktischen Beispielen bekommen Sie in einen Überblick über die vielfältige Nutzbarkeit der Informations-Chips und deren Handhabung. Es wird im Detail beschrieben wie die Informations-Chips funktionieren, wie sie wirken und für wen sie hilfreich sind.

Dieses Buch ist das Ergebnis von über fünfzig Jahren Forschungsarbeit und meinen Bemühungen, das einfache Geheimnis der Selbstheilung zu enthüllen. Wer sich schon einmal die Frage gestellt hat: „Sind wir wirklich mit allem, was existiert, verbunden, und wenn ja, wie kann ich diese Erkenntnis für mich nutzen?", der wird dieses Buch mögen.

Ich glaube, dass der Schlüssel für ein Leben in Gesundheit, Freude, Fülle und Frieden darin liegt, eine neue Art des Denkens zu entwickeln. Wir alle sind sehr wohl in der Lage, unsere Energie, Kraft und Befinden selbst zu steuern. Sie werden dabei entdecken, dass in der Fähigkeit, die Prinzipien des Bioenergetischen Informationsmanagements zu verstehen und anzuwenden, die Basis zur tiefsten Heilung und größten Freude, liegt.

Heiko Wenner

Höchst im Odw. im Oktober 2018

Was würde es bedeuten, die eigene Kraft, Energie und das Befinden selbst steuern zu können?

Stelle Dir einmal vor, Du könntest mit ein wenig Übung in schwierigen Situationen ruhig, gelassen und zentriert bleiben und Deine optimale Leistung abrufen. Du würdest auch in kniffeligen Angelegenheiten souverän und ausgeglichen wirken und immer Herr der Lage sein. Du könntest konzentrierter und fokussierter Deine Arbeit erledigen und wärst dadurch wesentlich effektiver. Du hättest kaum noch Angst vor Prüfungen oder unangenehmen Situationen und Gesprächen. Du könntest Dich nach einem anstrengenden Tag schneller entspannen, regenerieren und tiefer und erholsamer schlafen. Wäre das nicht großartig?

Dies alles kann mit Bioenergetischem Informationsmanagement jetzt Wirklichkeit werden.

Mit diesem Buch wird der Leser anhand von einfachen praktischen Beispielen in die Geheimnisse des Bioenergetischen Informationsmanagements eingeweiht. Es dient dem Ziel, diese neue Technik zu verstehen und anzuwenden. Es wird beschrieben, wie sich die ganze Komplexität und Kraft der Methode in einem einzigen Informations-Chip verdichtet, der seinem Besitzer das Leben leichter macht.

Teil I

Grundlagen

Wie Bioenergetisches Informationsmanagement funktioniert

Bedeutende Wissenschaftler haben sich schon vor mehr als hundert Jahren mit den Begriffen „Energie und Schwingung" beschäftigt. Einige Erkenntnisse darüber sind in den folgenden Zitaten beschrieben:

"Wenn Du das Universum verstehen möchtest, dann denke in den Begriffen Energie, Frequenz und Schwingung".
(Nikola Tesla)

„Alles ist Energie, und dazu ist nicht mehr zu sagen. Wenn Du Dich einschwingst in die Frequenz der Wirklichkeit, die Du anstrebst, dann kannst Du nicht verhindern, dass sich diese manifestiert. Es kann nicht anders sein. Das ist nicht Philosophie. Das ist Physik."
(Albert Einstein)

Alles ist Energie, Frequenz, Schwingung und Information. Selbst in der festen Materie wie Steine und Kristalle sind die Moleküle in ständiger Schwingung und Vibration.
Jeder Gedanke und jedes Gefühl ist begleitet von Schwingungen unterschiedlicher Frequenzen.
Jede Schwingung entspricht einer Information, einer Frequenz, einem Ton, einer Farbe, einer Form, Kraft und Energie.

Für das Verständnis des „Bioenergetischen Informationsmanagements" kommt an dieser Stelle noch das „Resonanzprinzip" zum Tragen.

Als Resonanz bezeichnet die Wissenschaft das Mitschwingen eines schwingungsfähigen Systems durch Anregung einer anderen Schwingung. Wir wissen, dass sämtliche Materie, auch vermeintlich feste Körper, auf atomarer Ebene schwingen. Somit ist alle Materie zur Resonanz fähig, wir müssen nur eine zu der jeweiligen Materie passende Resonanzfrequenz finden.

Zur Verdeutlichung hier noch ein Beispiel: Wenn ich die 8 Stimmgabeln unserer Tonleiter (vom tiefen bis zum hohen C) in einem Raum habe und schlage eine zweite Stimmgabel mit dem Ton h an, dann schwingt nur die Stimmgabel mit dem Ton h im Raum mit und alle anderen bleiben stumm. Das heißt, die erste Stimmgabel h ist mit der zweiten Stimmgabel h in Resonanz gegangen.

Was bewirken die Resonanzfrequenzen?

Wir alle unterliegen dem Gesetz der Schwingung aus Energiegewinnung und Energieverbrauch. Die Voraussetzungen für eine optimale Energiegewinnung sind vollwertige Nahrungsmittel und eine optimale Verdauungs- und Lungenfunktion. Beim Energieverbrauch spielen die vielen Reize, die auf den Körper einwirken, eine große Rolle. Wenn diese sehr unterschiedlichen Reize vom Organismus adäquat beantwortet werden können, wird der gesunde Ausgangszustand wieder erreicht. Doch jede Reizantwort verbraucht Energie. Sich an zu starke, zu lange, fremdartige und „unbiologische" Reize anzupassen kostet viel Energie und verursacht Befindlichkeitsstörungen bis hin zu Krankheiten. Mein Ziel ist es, das energetische Gleichgewicht wiederherzustellen. Wenn unser Energiefeld ausgeglichen bleibt, kann unser Immunsystem schädliche Einflüsse abwehren. Unser Wohlbefinden und unsere Leistungsfähigkeit bauen also auf dem energetischen Gleichgewicht auf. Fließen die Energien nicht normal, ergeben sich disharmonische Schwingungen und Blockaden der einzelnen Zellen.

Wie können wir diese Erkenntnis für uns positiv nutzen?

Jede Zelle, jedes Organ und sogar jeder Organismus hat sein spezifisches, unverwechselbares Eigenfrequenzspektrum. Die Schwingung einer Substanz kann nur dann eine Wirkung auslösen, wenn sie durch ihre Schwingung eine andere Substanz zum Mitschwingen (Resonanz) veranlasst (Beispiel: Stimmgabel). Praktisch können aus der Vielzahl der auf den Körper einwirkenden Frequenzmuster nur jene zur Wirkung (Reaktion) führen, die eine Resonanz auslösen können. Mit meiner einzigartigen Technik der Informationsübertragung, die auf den Erkenntnissen der Quantenphysik basiert, werden Disharmonien mittels geeigneter Informations-Chips balanciert. Die Informations-Chips bestehen aus einem Kunststoffblättchen im Format eines abgerundeten Quadrates von ca. 20 x 20 mm. Darauf ist eine Mischung aus Trägersubstanzen aufgebracht, die je nach Wirkbereich informiert bzw.

energetisch aufgeladen wird. Nach dem Resonanzprinzip werden dem Informationsfeld des Klienten auf sehr einfache Weise die passenden Frequenzmuster angeboten, was die Selbstordnungskräfte aktivieren kann. Man könnte auch sagen, dass „disharmonische" Informationen durch „harmonische" Informationen ersetzt werden. Dies kann je nach Art und Schwere der Dysbalance ein kurzer oder auch länger andauernder Prozess sein.

Was bedeutet es eigentlich, gesund zu sein?

Die Gesundheitsdefinition der WHO (1948):

„Gesundheit ist ein Zustand völligen psychischen, physischen und sozialen Wohlbefindens und nicht nur das Freisein von Krankheit und Gebrechen. Sich des bestmöglichen Gesundheitszustandes zu erfreuen ist ein Grundrecht jedes Menschen, ohne Unterschied der Rasse, der Religion, der politischen Überzeugung, der wirtschaftlichen oder sozialen Stellung."

Definition DocCheck:

„Gesundheit ist kein genau abgrenzbarer Befund, sondern siedelt sich unscharf auf dem Kontinuum zwischen einem kaum erreichbaren ‚idealen Vitalzustand' und dessen Kontrapunkt, dem Tod, an.

Klinisch wird der Begriff der Gesundheit häufig auf die Dimension des Physischen reduziert und vereinfacht als ‚Abwesenheit von Krankheit' verstanden. Der Übergangsbereich zwischen beiden Zuständen wird dem Verlegenheitsbegriff ‚Befindlichkeitsstörung' charakterisiert. In der gesellschaftlichen Ethik ist Gesundheit als ‚höheres Gut' dagegen ein stark mit dem Begriff des Glücks verknüpftes Ideal.

Unabhängig vom Bedeutungskontext ist Gesundheit vor allem ein subjektiv empfundener Zustand abseits der diagnostischen Nachweisbarkeit. Hier werden Krankheit und Gesundheit durch Grauzonen miteinander vereint: Man kann krank sein, sich aber - vor allem bei Abwesenheit von Symptomen - gesund fühlen. Umgekehrt kann ein Patient sich krank fühlen, aber klinisch betrachtet vollkommen gesund sein."

Ich habe zum Thema Gesundheit meine eigene, etwas provokante Aussage getroffen, die da lautet:

„Gesundheit ist ein momentaner Zustand, den jeder für sich selbst definiert und den jeder selbst beeinflussen kann."

Was verstehen wir unter dem Begriff „Selbstheilungskraft"?

Als Selbstheilungskraft bezeichnet man die Fähigkeit eines Organismus, Krankheiten oder Traumen aus eigener Kraft zu heilen. *(Doc-Check)*

Unser Körper besitzt die Fähigkeit sich selbst zu heilen, sofern die Selbstheilungsfähigkeit durch unsere geistige und seelische Verfassung nicht gehemmt wird.

Wenn wir seelisch und physisch stabil sind, dann befindet sich unser Organismus in Balance. Diese innere Harmonie ist jedoch sehr anfällig und kann durch negative Gedanken und Gefühle ganz schnell aus dem Gleichgewicht geraten.

Unser Gehirn übernimmt in diesem Fall die Position des Wächters und leitet sofort Maßnahmen ein mit dem Ziel, die Ordnung wieder herzustellen.

Unser Gehirn ist vergleichbar mit der Schaltzentrale unserer hauseigenen Heizungsanlage. Wenn die Heizungsthermostate beispielsweise auf 21,5 ° C eingestellt sind, dann geben die Thermostate an die Schaltzentrale der Heizung einen Impuls, wenn die Raumtemperatur unter 21,5 °C sinkt. Erst wenn die Raumtemperatur wieder die eingestellten 21,5° C hat, hört der Brenner der Heizung auf zu feuern.

Analog zu dem Hauptprozessor eines Computers (CPU) arbeitet auch unser Gehirn, das mit jeder Zelle in unserem Körper in einer Art Überprüfungsmodus steht. Ist an irgendeiner Stelle in unserem System etwas nicht in Ordnung, reagiert unsere Schaltzentrale blitzschnell und leitet die endsprechenden Schutz- bzw. Reparaturmaßnahmen ein.

Wenn wir uns beispielsweise bei einem Sturz die Knie aufgeschürft haben, dann registriert dies unser Gehirn und leitet unverzüglich die entsprechenden Maßnahmen ein: Es schickt sofort eine große Anzahl von weißen Blutkörperchen an die verletzten Stellen, welche die Aufgabe haben, die eindringenden gefährlichen Keime abzuwehren und zu vernichten. Damit wir nicht verbluten, verengen sich die Blutgefäße an den verwundeten Stellen, und das Blut gerinnt. Ist das nicht eine geniale Einrichtung?

All diese Selbstregulierungsprozesse laufen innerhalb des Bruchteils einer Sekunde automatisch ab, ohne dass wir etwas dazu beitragen oder es überhaupt bemerken.

Unser Körper ist sogar zu wesentlich mehr in der Lage. Er lässt beispielsweise gebrochene Knochen wieder zusammenwachsen und diese an den Stellen, wo sie gebrochen sind, sogar kräftiger werden, sodass die Gefahr eines erneuten Bruches an derselben Stelle verringert wird.

Dieses intelligente Zusammenwirken der Schutz- und Selbstregulierungsmechanismen verdeutlicht aber auch, dass es im eigentlichen Sinne keinen Körper gibt, der krank sein möchte. Der innere Arzt ist in uns selbst, wir dürfen ihn durch unsere Gedanken nur nicht blockieren.

Jeder Therapeut kann im Grunde genommen nur die bestmöglichen Bedingungen schaffen, damit die im Organismus befindlichen Selbstheilungskräfte in Gang geraten können. Es ist demzufolge nicht der Therapeut, der die Krankheit heilt, sondern unser eigener Körper. Dies bedeutet aber auch, dass jeder von uns selbst eine große Verantwortung für seine Gesundheit trägt.

Das Zitat von E. Coué trifft dies genau auf den Punkt: „Jede Krankheit ist heilbar, nicht aber jeder Kranke."

Ich denke, die wichtigste Voraussetzung zur Entfaltung unserer Selbstheilungskräfte ist die Überzeugung (Glaube), gesund zu werden und gesund zu bleiben.

Ich habe während meiner Zeit als Heiler eine Vielzahl von zum Teil hoffnungslosen und austherapierten Menschen begleitet, die trotz aller Schwere der Krankheit an ihre Gesundung glaubten und sich zum Erstaunen der Schulmedizin von der schweren Krankheit erholten. Ich diente in diesen Fällen nur als Energielenker, Impulsgeber und Motivator, denn letztendlich haben sie sich alle selbst von ihrer Krankheit befreit. In vielen Fällen habe ich diesen Menschen noch etwas zur Unterstützung gegeben, etwas, an dem sie sich festhalten konnten und das den Glauben an eine baldige Genesung noch festigen sollte. Ich hatte damals die ersten informierten Chips zur Stärkung des Immunsystems und zur Aktivierung der Lebensenergie entwickelt. Einige trugen die Informations-Chips während der gesamten Krankheitsphase bei sich und bewahren sie noch heute wie einen kleinen Schatz in einer Schatulle auf oder benutzen sie nach wie vor. Viele haben mir nach ihrer Genesung versichert, dass sie die Krankheit ohne meine Begleitung und ohne die Anwendung der Informations-Chips nicht überlebt hätten.

Das Immunsystem zu stärken ist eine intelligente Art, gesund zu bleiben

Das Immunsystem schützt den Körper wie ein Wächter vor schädigenden Einflüssen aus der Umwelt und ist für den Organismus überlebenswichtig.

Die Hauptaufgaben des Immunsystems sind, Krankheitserreger unschädlich zu machen und zu entfernen, Schadstoffe zu erkennen und zu neutralisieren und krankhaft veränderte körpereigene Zellen zu vernichten. Ist die Immunabwehr geschwächt, wird unser Organismus krank.

Was schwächt unsere Immunabwehr?

Neben Schlafstörungen, Umweltbelastungen und schlechten Lebensgewohnheiten ist der negative Stress eine der Hauptursachen für die Schwächung der Immunabwehr. Studien haben gezeigt, dass Menschen, die dauerhaft gestresst sind, schneller krank und langsamer wieder gesund werden. Stressoren können dabei unterschiedlicher Art sein, wie z. B. zu viel Arbeit, zu hohe Leistungsanforderungen und Zeitdruck, aber auch zwischenmenschliche Konflikte, Trennungen oder Verluste, Umweltbelastungen und die ständige Erreichbarkeit durch den Einsatz der modernen Technik.

Auch hier ist es möglich, seine Energie, seine Kraft und sein Befinden selbst zu steuern. Bewusst wird in diesem Fall die Steuerungstechnik dazu benutzt, die Energie dorthin zu lenken, wo sie prophylaktisch oder im Krankheitsfall benötigt wird. Die akury-Informations-Chips unterstützen diesen Prozess, in dem sie die Selbstheilungskräfte und somit auch unser Immunsystem stärken, ohne dass wir uns groß dabei anstrengen müssen.

Meine erste große Heilarbeit

Im Jahre 2008 kam ich eines Tages zu einer Familie in Langen, um das Haus baubiologisch zu untersuchen. Während dieser Untersuchung sah ich aufgrund meiner Erfahrung als Heiler, dass es der damals 16-jährigen Tochter nicht gut ging. Ihre Mutter erzählte mir die tragische Geschichte: Ihre Tochter Isabelle sei vor zwei Jahren an einem sehr aggressiven Sarkom erkrankt und operiert worden. Danach bekam sie eine Chemotherapie und Bestrahlung, durch deren Nebenwirkungen ihr gesamtes motorisches System ausfiel. Sie musste monatelang von ihren Eltern gepflegt werden und verbrachte damals ihren Tag im Rollstuhl. Die Ärzte gaben ihr anfangs eine Überlebenschance von unter fünf Prozent. Als Isabelle später dachte, dass sie die schwere Krankheit endlich überstanden hätte, wurde ein Rezidiv festgestellt. Sie war bereits erneut operiert worden und sollte ein paar Tage später zur Chemotherapie in die Klinik. Ich bat die Eltern, ihre Tochter zu fragen, ob ich mit ihr Energiearbeit machen dürfte.

Beim Abscannen ihres Körpers mit meinen Händen bekam ich vor meinem geistigen Auge ein Bild von einem Gerät mit mehreren Schläuchen, mit dem die Chemotherapie verabreicht werden sollte. Ich hatte so ein Gerät vorher noch nie gesehen, hatte jedoch den Impuls, Isabelle ein paar von meinen entwickelten eProtect-Chips mitzugeben, die sie an die Beutel, Flaschen und das Gerät kleben sollte. Isabelle tat meine Energiebehandlung sichtlich gut und sie fragte mich, ob ich sie durch diesen Prozess begleiten würde. Ihre Eltern standen voll und ganz hinter meiner Heilarbeit. Isabelle klebte mit Einwilligung der Ärzte die Chips an die Stellen, die ich ihr beschrieben hatte. Obwohl die Dosierung der Chemo wesentlich höher war als diejenige, die sie zwei Jahre zuvor bekommen hatte, gab es diesmal keinerlei motorische Ausfälle. Sie konnte alles machen, ja sogar während der Chemo mit ihrem Laptop arbeiten und alleine zur Toilette gehen. Zum Erstaunen der Ärzte vertrug sie die Therapie unwahrscheinlich gut. Als ich sie das erste Mal in der Klinik besuchte, sah ich genau dieses Gerät, das ein paar Tage zuvor vor meinem geistigen Auge erschienen war.

Über mein Testverfahren konnte ich die Energie der Chemo messen und stellte fest, dass diese nur eine minimale Schwingung aufwies.

Nachdem der eProtect-Chip aufgeklebt wurde, erhöhte sich die Schwingung der Chemo-Flüssigkeit um mehr als das Zehnfache. Obwohl die Inhaltsstoffe selbstverständlich die gleichen waren, wurden die Schwingungen der Chemo durch den Chip so positiv verändert, dass diese wesentlich besser verträglich wurde. Das war eine weitere, sehr gute Eigenschaft, die der eProtect-Chip neben seiner Harmonisierung von elektromagnetischen Feldern aufzuweisen hatte.

Viele meiner Bekannten, die auch Ärzte sind, waren der Meinung, dass Isabelle diese Krankheit aufgrund ihrer Vorgeschichte nicht überleben würde, und machten uns beiden weder Mut noch Hoffnung. Das bestärkte mich jedoch noch mehr, ihr behilflich zu sein, denn ich war und bleibe bis heute bei meiner Meinung: *„Selbst wenn man nur ein Prozent Überlebenschance hat, sollte man diese nutzen, denn wer aufgibt, hat schon verloren."*

In den Chemo freien Zeiten kam ich täglich zu Isabelle nach Hause, um mit ihr zu sprechen, sie aufzumuntern und sie zu motivieren, den eingeschlagenen Weg weiterzugehen. Nach dem Gespräch begann ich mit meiner 90 Minuten andauernden Heilarbeit. Wir waren ein Team, und deshalb bekam sie von mir Hausaufgaben, die sie zu erledigen hatte. Mein Ziel war es, ihre mentalen Fähigkeiten so zu stärken, dass sie selbst in der Lage war, die Energie in ihrem Körper dorthin zu lenken, wo sie benötigt wurde, um die Heilungskräfte in Gang zu setzen und zu verstärken. Ich kontrollierte mit meinen eigenen, selbst entwickelten Methoden in regelmäßigen Abständen, ob sie die aufgegebenen Visualisierungs-, Atmungs- und Chakrenübungen auch gemacht hatte und wie stark ihr Wille war, gesund zu werden.

Kurz vor der letzten Chemo-Sequenz hatte sie ein richtiges Formtief. Sie stellte den Sinn der Therapie in Frage und war nahe dran, aufzugeben. In einem langen Gespräch baute ich sie wieder auf und motivierte sie dazu, weiterzumachen. Ich verglich ihre Situation mit meinen Erfahrungen aus zahlreichen Wettkämpfen als Marathonläufer oder als Triathlet. Ein Marathonlauf beginnt genau genommen erst ab Kilometer 39, denn spätestens ab diesem Zeitpunkt fängt die Muskulatur an, zu übersäuern und zu schmerzen. Zwischen Kilometer 35 und 40 erwischt es jeden, egal ob Profi- oder Freizeitsportler, da wird alles in Frage gestellt. Also gilt es, diese Schwächephase mit Mentalkraft zu überwinden, um das schon vor den Augen liegende Ziel zu erreichen. Ich erklärte ihr, dass sie bereits bei Kilometer 39 angekommen sei und nur ein letztes Hindernis vor dem Ziel und damit dem Sieg über ihre Krankheit überwunden werden müsse. Ich lehrte sie, ihre Einstellung zur Chemo zu verändern, sie als positive Energie wahrzunehmen. Isabelle visualisierte also, dass jeder Tropfen dieses Chemo-Gebräus als wundersames Elixier durch ihren Körper fließen und entscheidend zu ihrer

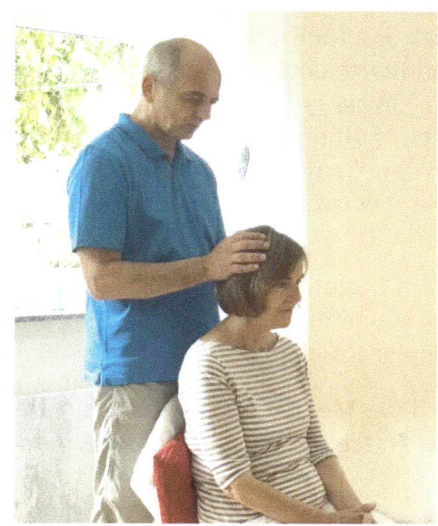

Heilbehandlung an einer Seminarteilnehmerin

endgültigen Heilung beitragen würde. Die Ärzte in der Klinik taten meine Arbeit mit einem Lächeln ab, konnten es aber nicht glauben, dass es ihr trotz aller Härte der Therapie so unwahrscheinlich gut ging.

Nach ungefähr sechs Monaten war sie wieder so weit, dass sie zu Hause uneingeschränkt für die Schule lernen konnte. Trotz einer Pause von mehr als einem Jahr nahm sie wieder am Schulunterricht teil, als wäre sie nie weg gewesen.

Wir arbeiteten auch weiterhin regelmäßig zusammen. Bei der nächsten Untersuchung in der Klinik fragte der behandelnde Professor mehrfach nach, ob sie es denn wirklich wäre, denn keiner von den Schulmedizinern hatte daran geglaubt, dass eine Heilung möglich wäre. Mit der Diagnose „als geheilt entlassen" verließ sie nach ihrer schweren Krankheit zum Erstaunen aller den Untersuchungsraum.

Isabelle ist heute (2018) eine junge Frau von 26 Jahren. Sie hat das Abitur als eine der Besten ihres Jahrgangs abgelegt, studierte zunächst Filmwissenschaften an der Uni Mainz und begann dann ein Studium der Psychologie an der Uni Würzburg, wo sie vor kurzem ihren Bachelor-Abschluss machte und sich nun auf den Master vorbereitet.

Wie wir Energien in unserem Umfeld wahrnehmen

Was meinen wir eigentlich, wenn wir über den Einfluss von Energie auf den Menschen sprechen? Wie können wir diese Energie in unserem Alltag wahrnehmen oder spüren?

Energie ist überall und verbindet uns Menschen, Tiere, Pflanzen, Steine, etc. und das unabhängig von Raum und Zeit. Wir nehmen bei Menschen in unserem Umfeld wahr, ob sie gut oder schlecht gelaunt sind. An ihrer Mimik und Gestik (Kopfschütteln, schmerzverzerrtes Gesicht oder ein Lächeln) können wir den Gemütszustand einer Person erkennen und vermuten, wie sie in gewissen Situationen reagieren wird.

Wir spüren in der Regel schon beim Betreten des Arbeitsplatzes, ob das Betriebsklima gut oder schlecht ist und wie sich die Stimmung auf das gesamte Umfeld und darüber hinaus auswirkt.

Wir nehmen wahr, dass wir durch die Medien und die Politik ständig manipuliert werden und dass die Geschäfte mit der Angst sehr erfolgreich sind.

Wir spüren, dass die zunehmenden Umweltbelastungen unseren Organismus zusätzlich stressen.

Wir spüren, dass uns gewisse Gegenstände, wie zum Beispiel Bilder oder Geerbtes in unserer Wohnung guttun oder auch nicht.

Wir erkennen, dass schlechte Nachrichten und Probleme in der Familie oder am Arbeitsplatz unser Energielevel ins Bodenlose fallen lassen, wohingegen gute Nachrichten wie eine Gehaltserhöhung, Entlastung, Hochzeit oder Geburt unser Energieniveau steigen lassen.

Wie wir einen Energieabfall rechtzeitig erkennen

Meist merken wir es daran, dass wir schneller müde werden. Wir fühlen uns energielos, antriebslos und lustlos. Wir merken, dass die Konzentrationsfähigkeit schneller nachlässt. Hält dies über einen längeren Zeitraum an, können sich die ersten gesundheitlichen Beeinträchtigungen wie Kopfschmerzen, Migräne, Herz- und Kreislaufprobleme, Burn-Out-Symptome bis hin zu einer schweren Depression einstellen.

Dies kann an vielen Faktoren liegen, die manchmal sogar zusammen auftreten und wirken. Da wäre zunächst das Arbeitsklima (Geschäftsführer, Arbeitskollegen) zu erwähnen. Eine schlechte Stimmung und vielleicht noch die Angst, seinen Job zu verlieren, sorgen für einen sehr hohen Stresspegel. Angst ist mit der höchste Stressor und ein zu hohes Stressniveau führt auf Dauer zu gesundheitlichen Beeinträchtigungen.

Die Essgewohnheiten tragen häufig zur Energielosigkeit bei. Wer sich zum Mittagessen mit Fastfood begnügt, darf sich nicht wundern, wenn er eine Stunde später energielos in den Seilen hängt.

Viele Menschen sind sehr wetterfühlig und reagieren sofort mit Kopfschmerzen und Antriebslosigkeit.

Die Stimmung in der Familie kann wie das Arbeitsklima zu einem enormen Leistungsabfall beitragen.

Schlechte Gewohnheiten, wie erhöhter Alkohol- oder Zigarettenkonsum, sowie auch Drogen, tragen enorm zum Absinken des Energiepegels bei.

Störfaktoren, wie Elektrosmogbelastungen oder Umweltbelastungen, wie ein zu hoher Lärmpegel oder Abgase, sorgen für zusätzlichen Stress.

Nicht zuletzt sind es häufig auch die negativen Gedanken und Gespräche, die zu einem Energie- und Leistungsabfall beitragen.

Das Energiebarometer und die Lebendige Liste

Anhand des Barometers kann jeder seinen momentanen persönlichen Energielevel für sich selbst bestimmen.

Hier ein Beispiel:

Ich verlasse am Morgen das Haus um zur Arbeit zu fahren. Mein Energielevel lag vor dem Verlassen des Hauses bei „8", was ja recht gut ist. Auf der Arbeit angekommen, stelle ich fest, dass mein Energieniveau von 8 auf 4 gefallen ist. Jetzt sollte ich mir zwei Fragen stellen:

1. Frage: Was waren die Auslöser?

2. Frage: Was kann ich tun, um meinen Energielevel wieder hoch zu fahren?

Ein Auslöser könnte zum Beispiel gewesen sein, dass die Autofahrt sehr stressig war und ich gerade noch so einem Unfall ausweichen konnte.

Energiebarometer zur Bestimmung des persönlichen Energielevels

Was kann ich nun tun? Zunächst empfehle ich, eine persönliche Liste zu erstellen mit dem Titel „Was tut mir gut? Was tut mir nicht gut?". In die linke Spalte werden Personen, Dinge und Ereignisse eingetragen, die mir guttun, in die rechte Spalte das, was mir nicht guttut. Wenn ich mich in einer Situation nicht wohl fühle, ist es sinnvoll, die Dinge in der rechten Spalte zu meiden und mir etwas Gutes aus der linken Spalte zu tun, um das Energieniveau wieder zu erhöhen. Diese Liste bezeichne ich auch als „Lebendige Liste", und sie sollte uns als ständiger Begleiter dienlich sein. Dies bedeutet auch, dass die Liste ständig auf dem neuesten Stand gehalten werden sollte. Menschen, die mir beispielsweise momentan nicht guttun, könnten irgendwann wieder in die linke Spalte wandern und umgekehrt natürlich auch.

Was tut mir gut?	Was tut mir nicht gut?
Was macht mir Spaß/Freude? (Beispiel: Lesen, Malen, Eis essen, Sport etc.)	Was macht mir momentan keinen Spaß/Freude?
Welche Beziehungen geben mir Kraft?	Welche Beziehungen kosten mich Kraft?
Welche Menschen unterstützen mich?	Welche Menschen tun mir momentan nicht gut?
Bei wem fühle ich mich angenommen?	Bei wem fühle ich mich abgelehnt?
Was stimmt mich fröhlich?	Was stimmt mich traurig?
Welche Plätze tun mir gut?	Welche Plätze tun mir nicht gut?
Wohin zieht es mich?	Wohin zieht es mich momentan nicht?
Welche Farben (Kleidung) mag ich?	Welche Farben (Kleidung) mag ich nicht?
	Welches Essen mag ich nicht? ...
Was esse ich gerne? ...	

Wie man sich vor Energieräubern schützt

Hier gilt es zunächst, achtsam zu sein, zu spüren und wahrzunehmen, was die Auslöser für mein niedriges Energieniveau oder meinen plötzlichen Leistungsabfall sind, um entsprechend gegensteuern zu können.

In dem Augenblick, in dem man den Leistungsabfall bemerkt, ist es gut, an etwas Positives zu denken, wie beispielsweise an eine schöne Geschichte oder ein Bild aus dem letzten Urlaub. Es wirkt auch sehr aufbauend und Kraft fördernd, etwas zu tun, was einem guttut (siehe Liste). Ein tiefes Durchatmen entspannt und bewirkt oft Wunder. In manchen Situationen ist es sogar ratsam, den Raum für einen Augenblick zu verlassen. Natürlich kann man auch mit dem Energiebarometer arbeiten oder seine persönlichen Entspannungsübungen machen. Es gibt mit Sicherheit noch eine Vielzahl von weiteren Möglichkeiten.

Ich habe für Menschen, die sich vor den Energieräubern schützen wollen, einen besonderen Informations-Chip entwickelt („Schutz und Neutralität"). Dieser Chip wird mittlerweile auch von einer Vielzahl von Therapeuten sehr geschätzt, da er sie auf der einen Seite vor Fremdenergien schützt und auf der anderen Seite aus der erforderlichen Neutralität heraus handeln lässt.

Lebenswille und Lebensenergie

Ich behaupte, dass der Lebenswille eines Menschen einen enormen Einfluss darauf hat, ob dieser eine schwere Krankheit überlebt oder nicht.

Menschen, die nur einen geringen oder keinen Lebenswillen mehr haben und sich aufgeben, haben viel schlechtere Chancen, als diejenigen, die bereit sind weiterzuleben. Fehlt der Lebenswille und resigniert der Kranke, dann hat er trotz modernster medizinischer Verfahren nur eine geringe Überlebenschance.

Wie ein Mensch durch die Kraft der Gedanken sein Leben beendete

Die Geschichte ereignete sich in der Schweiz, als ich ins Spital zu einer älteren Dame gerufen wurde. Ihr ging es nach einer Gallenoperation sehr schlecht und ich besuchte sie mit ihrer Tochter auf der Intensivstation. Die Frau war sehr gläubig und hatte aufgrund ihres lebensbedrohlichen Zustands den letzten Segen vom ortsansässigen Priester erhalten. Sie war Mutter von neun Kindern, die über ihren Zustand informiert waren. Zu diesem Zeitpunkt hatten ihr bereits acht der Kinder die letzte Ehre erwiesen. Von einem Sohn wusste keiner, wo er eigentlich lebt. Die Frau war sehr korpulent und schon vor der Operation bewegungsmäßig stark eingeschränkt. Zum Zeitpunkt meines Besuchs war sie an der Herz-Lungen-Maschine angeschlossen, und die Ärzte machten ihr wenig Hoffnung auf eine Genesung.

Ich stellte fest, dass ihr Energielevel sehr niedrig war und begann ihre Chakren und Energietore zu öffnen. Natürlich nach vorheriger Prüfung und Rücksprache, ob es für sie in Ordnung sei und ob sie überhaupt willens ist, gesund zu werden.

Ihr Energieniveau stieg an, was bedeutete, dass sie die Energie annahm. Ich bekam aber während der Behandlung noch einen ausschlaggebenden Impuls. Ihr Ehemann solle sich für eine Situation entschuldigen. Ihr Mann war also der Schlüssel, um ihren Willen, „gesund zu werden", zu stärken und Heilungsprozesse in Gang zu setzen. Nur er konnte jetzt noch etwas Positives bewirken und zur Verbesserung ihres

Zustandes beitragen. Wie ich später erfuhr, hatte sie ca. 14 Tage vor der Operation aus einem Streitgespräch heraus entschieden, nie wieder mit ihrem Ehemann zu reden, solange er sich nicht bei ihr entschuldigt hätte.

Ich sprach mit der Tochter, die ihren Vater darum bat, sich mit liebevollen Worten bei seiner Frau zu entschuldigen. Bei meinem Besuch am nächsten Tag durfte ich die sehr liebeswürdige und herzliche Entschuldigung miterleben.

Nach zwei Tagen ging es ihr merklich besser, sehr zum Erstaunen der Ärzte und des Pflegpersonals. Nach einer Woche Intensivstation ging es ihr so gut, dass sie auf die normale Krankenstation verlegt werden konnte.

Ich stellte bei meinem nächsten Besuch fest, dass sie wesentlich kraftvoller war und sich über einen längeren Zeitraum konzentriert mit mir und den Besuchern unterhalten konnte. Ich fühlte aber, dass da etwas war, das sie stark belastete. Es war der Gedanke, dass „gesund zu werden" etwas mit Fleiß und Arbeit zu tun hat. Das bekam sie das erste Mal nach der Operation zu spüren, als der Physiotherapeut erschien und sie zu Bewegungsübungen aufforderte. Das war ihr zu viel, und sie schickte ihn wieder weg. Ihre Tochter machte sie darauf aufmerksam, dass sie jetzt etwas für ihren Körper tun müsse, und die therapeutischen Übungen sehr viel dazu beitragen würden, kein Pflegefall zu sein.

Am darauffolgenden Tag ging es ihr erheblich schlechter. Ich bemerkte, dass sie ihren Willen am Leben verloren hatte und auch die Heilenergie nicht mehr annehmen konnte. Einen Tag später wurde das Krankenzimmer zum Sterbezimmer umfunktioniert, wenige Stunden später starb sie. Sie traf die Entscheidung, nicht an und mit sich zu arbeiten. Sie traf die Entscheidung, kein Pflegefall zu sein und zu gehen, um niemandem zur Last zu fallen. Ab dem Moment der Entscheidung, nicht mehr leben zu wollen, ging es mit ihr gesundheitlich rapide bergab.

Es war für mich eine sehr lehrreiche Erfahrung, die meine Überzeugung nochmals bestärkte, denn so wie unsere Gedanken die Macht besitzen, unser Leben zu erhalten, so können sie auch unser Leben beenden.

Wie der Wille, wieder gesund zu werden, zum Erfolg führte

Ich bekam im Februar 2010 einen Telefonanruf von einer Klientin, deren Bruder nach einem schweren Sportunfall in der Klinik lag. Die Ärzte diagnostizierten eine Lähmung seines Körpers ab dem sechsten Halswirbel und machten ihm keine Hoffnung, je wieder gehen zu können.

Die Kundin bat mich, ihn zu besuchen und mit ihm energetisch zu arbeiten. Sie versicherte mir, dass ihr Bruder für jegliche Empfehlungen und Behandlungsmethoden, die seinen Zustand verbessern könnten, offen sei. Ich besuchte ihn und er bestätigte mir, dass er mir gegenüber sehr positiv gestimmt sei und den sehnlichsten Wunsch hätte, wieder gesund zu werden. Nach meiner Frage, wie es ihm denn allgemein so ginge, erzählte er mir 10 Minuten lang, was er alles noch nicht konnte. „Meine linke Hand kann ich nur bis zum linken Ohr bewegen, mein linkes Bein kann ich nur etwas anheben, das rechte Bein überhaupt nicht. Die rechte Hand ist taub, und der Arzt sagte mir erst heute Morgen nach der Untersuchung, dass sie wahrscheinlich taub bleiben wird …"

Ich spürte seine Resignation, und obwohl er zu diesem Zeitpunkt der Überzeugung war, dass er positiv gestimmt wäre, hatte er in Wirklichkeit große Zukunftsängste und Zweifel, je wieder selbständig seinen Alltag bewältigen zu können. Obwohl ich seine Befürchtungen und Ängste verstand, unterbrach ich ihn in seinen Ausführungen und bat ihn, mir zu beschreiben, wie seine Situation aussah, als er in die Klinik eingeliefert wurde. Er runzelte die Stirn und sagte mir nach einer kurzen Bedenkzeit einen Satz, der für den weiteren Werdegang von ausschlaggebender Bedeutung war: „Ich konnte weder meinen Kopf noch meine Arme und Beine bewegen, ich konnte noch nicht einmal mehr alleine atmen."

Jetzt bat ich ihn, alle positiven Veränderungen seit der Einlieferung ins Krankenhaus zu beschreiben. Es fiel ihm sehr schwer, und es dauerte nur einen kurzen Moment, bis er mir wieder alle negativen Aspekte seiner gesundheitlichen Situation aufführte: „Meine linke Hand kann ich schon bis zum Kopf bewegen, meine rechte Hand aber ist taub und ich spüre gar nichts, ich kann rechts noch nicht einmal meine Finger bewegen, und der Arzt hat mir das heute früh ja auch bestätigt ..."

Im Beisein seiner Schwester nahm ich intuitiv seine rechte Hand und legte sie in meine. Ich bat ihn, seine Augen zu schließen und sich vorzustellen, wie er die Finger seiner rechten Hand bewegt. Nach wenigen Sekunden spürte ich ein leichtes Zittern und bemerkte, dass sich sein Mittelfinger bewegte. Seine Schwester konnte es kaum fassen. Sichtbar für alle bewegte er, ohne mein Zutun, seinen Mittelfinger! Er spürte es selbst, und das war für ihn sehr wichtig.

Ich machte ihm nun klar, dass er sich von den Glaubenssätzen „ich kann nie wieder gehen, ich kann nie wieder meine rechte Hand bewegen, ich werde den Rest meines Lebens im Rollstuhl verbringen...." lösen sollte. Hingegen sollte er jede Sekunde, die er in der Klinik verbringt, dazu nutzen, sich bildlich vorzustellen, wie er seine Arme, seine Hände und seine Beine bewegt. Er sollte sich das Bild vor Augen halten, wie er auf seinen eigenen Beinen gehend und ohne jegliche Unterstützung diese Klinik verlässt. Er solle spüren und fühlen, welches Wohlgefühl es ihm bereiten würde, den Ärzten zum Abschied sagen zu können, „Ich habe es geschafft. Obwohl ich laut euren Diagnosen nicht gehen können sollte, gehe ich doch."

Ich erzählte ihm zum Abschluss noch die Geschichte von der Hummel. „Wissenschaftler haben festgestellt, dass die Hummel aufgrund ihrer aerodynamischen und physikalischen Eigenschaften überhaupt nicht fliegen könne. Doch die Hummel weiß das nicht und fliegt." Mit diesem humorvollen Vergleich setzte ich den letzten Impuls, gab ihm noch einen Informations-Chip, der ihn beim Visualisieren und bei der Konzentration auf seine Bewegungsabläufe unterstützen sollte, und verabschiedete mich von ihm.

Nach sieben Wochen bekam ich einen Anruf von seiner Schwester, die mich in seinem Auftrag fragen sollte, ob ich ihn nochmals besuchen könne, denn er möchte von mir wissen, wie er nun mit seiner Therapie fortfahren solle. Auf meine Frage, wie es ihm denn ginge, bekam ich zur Antwort: „Mein Bruder kann wieder gehen".

Anhand dieses Beispiels wird deutlich, was ein Mensch durch seine Willenskraft, seine positiven Gedanken und seine mentale Stärke erreichen kann. Auch in dieser Geschichte spielte ich nur die Rolle des Impulsgebers und Motivators; was der Mensch daraus macht, das ist ihm überlassen.

Für diese Situation prägte ich den Spruch: *„Gesundheit zu erlangen und Gesundheit zu erhalten bedeutet, stets aktiv daran zu arbeiten."*

Teil II

Die Entstehung des Bioenergetischen Informationsmanagements

Wie alles begann

Eines Abends saß ich in einer lauen Sommernacht draußen auf dem Balkon unseres Hauses im Odenwald, schaute in den Sternenhimmel und dachte über den Verlauf meines Lebens nach. Im Zeitraffer liefen die vielen Stationen wie ein Film vor meinem geistigen Auge ab. Mir fiel es wie Schuppen von den Augen, als ich erkannte, dass nichts in meinem bisherigen Leben umsonst war. Wie ein Puzzle fügte sich jedes kleine Teilchen, das man auch als Lebenserfahrung bezeichnen kann, in das große Ganze und ergab nun ein klares Bild von dem Menschen, der ich heute bin.

Seit mehr als 50 Jahren beschäftige ich, Heiko Wenner, mich mit dem Thema der Heilenergien und konnte deren Existenz in einer Vielzahl von Behandlungen auch unter wissenschaftlicher Beobachtung, unter Beweis stellen. Mein Ziel als Gesundheitsbegleiter war es immer, den Menschen durch selbst entwickelte Methoden so weit zu schulen, dass er seine Energie, seine Kraft und auch sein Befinden selbst steuern kann, um entweder gesund zu bleiben oder wieder gesund zu werden. Als unterstützende Maßnahme habe ich hierzu eine neue Methode entwickelt, die mittlerweile weltweit auch in der alternativen Heilbranche ihre Anerkennung gefunden hat, das von mir benannte „Bioenergetische Informationsmanagement".

Mir ist bewusst, dass ich ein Pionier auf dem Gebiet der „Bioenergetischen Informationsübertragung" bin und dass die Informations-Chips von manchen Menschen zunächst einmal mit Skepsis betrachtet werden. Die Fragen, die ich gestellt bekomme, sind immer die gleichen und lauten: „Wie funktionieren diese Chips?", „Wie werden sie benutzt?" und „Wie bist du auf diese geniale Idee gekommen?" Das war mein Ansporn, dies in einer gekürzten Biografie niederzuschreiben und zu veröffentlichen. Ich bin mir sicher, dass das Zeitalter der „selfcaremedicine" schon begonnen hat, denn immer mehr Menschen gehen bewusster mit sich und ihrem Körper um. Sie suchen nach bisher unbekannten Wegen, sich gesund zu halten oder wieder gesund zu werden. Hierbei können die akury-Informations-Chips unterstützend wirken und durch ihre einfache Anwendbarkeit die richtige Alternative bieten.

Die Entfaltung meines intuitiven Gespürs

Ich habe erkannt, dass die Basis für mein ausgeprägtes intuitives Gespür bereits als kleines Kind angelegt wurde. Meine Kindheit verbrachte ich hauptsächlich auf dem Bauernhof meiner Großeltern. Dort erlernte ich beim Umgang mit den Tieren mein sensibles und sensitives Gespür zu entwickeln. Ich fühlte damals schon mit meinen Händen, welche Plätze gut oder schlecht für mich waren, und erkannte drohende Gefahren bereits im Vorfeld. Ich erzählte meinen Eltern von meinen Klarträumen, in denen ich Menschen, die ich kannte, sterben sah. Als damals vierjähriger Knirps wurde ich nicht ernst genommen, und mir wurde verboten, darüber zu reden. Erstaunt waren meine Eltern jedoch, als einige Zeit später alle diese Geschehnisse eintrafen. Ich beschloss, ihnen nichts mehr davon zu erzählen und behielt ab diesem Zeitpunkt meine Traumerlebnisse als Geheimnis für mich.

Schon während meiner Kindheit und Jugend musste ich meine Zuverlässigkeit und Pünktlichkeit unter Beweis stellen, denn meine Arbeitskraft wurde auf dem Bauernhof meiner Großeltern eingefordert. Bei ihnen galt das Prinzip: „Wer morgens nicht spätestens um 5 Uhr pünktlich auf der Matte steht, ist ein Faulenzer!" Menschen, die von Sonnenaufgang bis Sonnenuntergang nicht arbeitsam waren, galten als Drückeberger und Nichtsnutze. Das Tageswerk musste am Abend bei meinem Großvater sichtbar sein, sonst war es kein guter Tag. Studenten, Beamte und Menschen, die geistige Arbeit verrichteten, waren für ihn nichts wert. Meine Ferien musste ich nach diesem Motto auf dem Hof arbeitend verbringen. Ich quälte mich jeden Morgen aus dem Bett heraus und fiel abends wie ein nasser Sack wieder hinein. Im Nachhinein weiß ich die harte Arbeit meiner Großeltern zu schätzen.

Ich bewundere bis heute deren Disziplin, Durchhaltevermögen und den liebevollen Umgang mit ihren Tieren. Die Tiere bekamen als Allererste etwas zu fressen, bevor sich meine Großeltern selbst an den Esstisch setzten. Das Wort Urlaub kannte keiner von ihnen. Die Verantwortung für die Tiere und die Bewirtschaftung der Felder standen im Vordergrund. Jeden Sonntag ging mein Großvater über die bepflanzten Felder und betete dabei für eine gute Ernte zu Gott. Die Felder waren seine Kirche, weit entfernt von den eigentlichen kirchlichen Bauten. Er sprach mit den Pflanzen, die ihm letztendlich eine reiche Ernte bescheren sollten. Manchmal durfte ich an diesem besonderen Ritual teilnehmen. Es war für mich immer wieder sehr eindrucksvoll, dabei sein zu dürfen. Ich erkannte, was Demut und Dankbarkeit bedeuten, und dass der Ernteerfolg letztendlich von den Gesetzen der Natur abhängig ist, denn ich habe miterlebt, wie ein Gewitter mit Hagel innerhalb von wenigen Minuten die halbe Ernte zunichtemachte.

Ich hatte verstanden, was es bedeutet, die Verantwortung für Tier und Mensch zu tragen, und wie wichtig es ist, pünktlich und zuverlässig jeden Tag seine Arbeit zu verrichten. Ich bekam eine Ahnung, wie schwer es für meine Großeltern mit zunehmenden Alter sein musste, alltäglich diese Arbeit zu leisten und spürte plötzlich ein Pflichtgefühl in mir und eine Art von Dankbarkeit, ihnen einen Teil ihrer schweren Arbeit abnehmen zu müssen. Während dieser Zeit entdeckte ich meine Fähigkeiten, Tieren und Menschen, die gesundheitliche Probleme hatten, energetisch zu helfen. Eines Tages, ich war gerade beim Ausmisten des Kuhstalls, kam ein Kalb auf mich zu und leckte meine Hand. Danach drehte es sich so lange vor mir herum, bis meine Hand an einer Stelle war, an der es sich offensichtlich verletzt hatte. Das Kalb verharrte in dieser Position geschätzte drei Minuten, bis es schließlich dankbar nochmals meine Hand leckte und wegging. Tiere haben ein sehr gutes intuitives Gespür für Menschen, die ihnen gut gesonnen sind.

Auch mein Vater entdeckte meine Fähigkeiten und bat mich oft, wenn er einen schweren Arbeitstag hinter sich hatte, meine Hände auf seine Schultern zu legen, was ihm sehr wohltat. Im Laufe der Zeit wurde ich neugierig und begriff, dass ich offenbar eine besondere Fähigkeit besaß. Ich begann zu experimentieren, kaufte mir Fachliteratur und verstand immer besser, dass ich Heilungsenergie entwickeln und weitergeben konnte.

Erst viele Jahre später erkannte ich, wie wertvoll es war, damals auf dem Bauernhof meiner Großeltern gearbeitet zu haben, denn dort wurde der Grundstein für mein späteres Leben als „Baubiologischer Gesundheitsberater, Energiearbeiter und Erfinder des Bioenergetischen Informationsmanagements" gelegt. Meine Erlebnisse und Erfahrungen haben im Laufe der Zeit enorm dazu beigetragen, dass ich zu dem Menschen wurde, der ich heute bin.

Wie mich meine Intuition vor dem Tod bewahrte

Als Flugleiter am Flugplatz in Egelsbach hätte ich eine Vielzahl von Geschichten zu erzählen, aber eine hatte mein Leben ganz besonders geprägt.

Sie ereignete sich im Winter 1991. Eine Nostalgiemaschine vom Typ Douglas DC 3A stand auf dem Vorfeld in der Nähe der Tankstelle. Das Flugzeug war von einem Filmteam für einen Satirefilm gechartert worden. Die Darsteller kamen alle aus Rüsselsheim und dem südhessischen Raum, und einige davon kannte ich.

Ich verrichtete an einem nebligen Sonntag in der Flugleitung meinen Dienst, als ein Pilot in Lufthansauniform in die Flugleitung trat und mir erzählte, dass er die DC 3 nach Frankfurt überführen wolle. Die Wetterlage ließ dies zu diesem Zeitpunkt aber nicht zu. Normalerweise fingen dann die Piloten an, mit mir über die Witterungsverhältnisse zu diskutieren. Zu meinem Erstaunen tat er dies nicht, sondern sagte mir, dass er im Flugplatzrestaurant auf günstigere Wetterverhältnisse warten würde und bat mich, ihn diesbezüglich auf dem Laufenden zu halten.

Ungefähr eine halbe Stunde später traf das Filmteam ein. Der Regisseur fragte mich, ob er das Abheben des Flugzeugs von der Startbahn aus filmen dürfe. Dies war aus sicherheitstechnischen Gründen normalerweise nicht erlaubt. Ich machte in diesem Fall eine Ausnahme und übernahm die Verantwortung für dieses Risiko. Als die Wetterverhältnisse den Start zuließen, fuhr ich mit dem Team zur Startbahn. Sie konnten ihre Aufnahmen machen und waren darüber sehr glücklich. Als Dankeschön luden sie mich für das folgende Wochenende ein, mit ihnen bei den letzten Filmaufnahmen über das Rheintal mitzufliegen. Ich freute mich und sagte zunächst dankend zu.

Am Samstag bekam ich ein ungutes Gefühl. Ich konnte es nicht beschreiben, rief dann aber beim Regisseur an und sagte meine Teilnahme ab. Am Sonntagvormittag war ich auf dem Weg nach Darmstadt-Eberstadt zu einem Brunch in einem Kultcafé. Unterwegs schaltete ich das Radio ein. Plötzlich wurde der Song unterbrochen und ein Nachrichtensprecher teilte mit, dass ein Nostalgieflugzeug in der Nähe von Heidelberg-Handschuhsheim abgestürzt sei, wahrscheinlich gäbe es keine Überlebenden. Mir wurde ganz schlecht. Im Cafe angekommen rief ich die Flugleitung in Egelsbach an. Der Kollege bestätigte mir die Meldung.

Dieser Tag war für mich einer der traurigsten in meinem bisherigen Leben. Es sitzt mir bis heute wie ein Schock in den Gliedern, wenn ich mich an diese tragische Geschichte erinnere. Von den 32 Insassen hatten nur vier zum Teil schwerverletzt überlebt. 28 Menschen waren an diesem Vormittag des 22.12.1991 ums Leben gekommen. Glücklicherweise hatte ich auf mein intuitives Gespür gehört und entsprechend gehandelt. Es hat mir wahrscheinlich das Leben gerettet.

Seit diesem Zeitpunkt höre ich verstärkt in mich hinein und sage manchmal aus zunächst unerklärlichen Gründen Termine ab. Im Nachhinein stellt sich dann immer heraus, dass es gut so war.

Grenzerfahrungen im Kriegsgebiet

Die 1990er Jahre sollten mit die aufregendsten Jahre meines Lebens werden. Im April 1992 wurde mein Herzenswunsch, Menschen in Not zu helfen, immer prägnanter. Mitten in Europa war ein Krieg ausgebrochen, der als Bosnienkrieg in die Geschichtsbücher eingehen sollte. Meine damalige Lebensgefährtin und ich hatten das Gefühl, handeln zu müssen und waren in den Sommermonaten 1992 die Mitbegründer der „Flüchtlingshilfe Langen". Unser Ziel war es zunächst, Kriegsflüchtlinge in Deutschland zu unterstützen. Mit Erfolg konnten wir mehrere Flüchtlingsfamilien bei engagierten Privatpersonen in Langen und Umgebung unterbringen. Ute und ich schränkten uns ein, stellten zwei bosnischen Familien unser oberes Stockwerk zur Verfügung und teilten uns gemeinsam unsere Küche.

Ich arbeitete beharrlich und unaufhaltsam in meiner Freizeit für die Menschen in Bosnien und es gelang mir, in Zusammenarbeit mit der „Flüchtlingshilfe Langen" und dem Malteser Hilfsdienst den größten deutschen Hilfskonvoi, bestehend aus 31 LKW und über 450 Tonnen Ladung, in die Flüchtlingslager nach Bosnien und Kroatien zu führen. Ich war sehr stolz darauf und arbeitete kontinuierlich weiter an meiner Mission, Menschen zu helfen.

Die Flüchtlingshilfe war mittlerweile auch im Auswärtigen Amt bekannt. Wir waren ein zuverlässiger Partner und bekamen finanzielle Unterstützung für unsere Hilfstransporte und Projekte. Wir arbeiteten mit anderen, in Deutschland ansässigen Hilfsorganisationen zusammen und unterstützten uns gegenseitig. So kam es, dass ich mich im März 1994 von meinem Arbeitgeber, unter Wegfall der Geld- und Sachbezüge, freistellen ließ, um in Kooperation mit der Hilfsorganisation „Brücke nach Bosnien" in Zentralbosnien als Projektkoordinator zu arbeiten. Die Organisation „Brücke nach Bosnien" stellte zu dieser Zeit Konvois zusammen, die in regelmäßigen Abständen die notwendigen humanitären Hilfsgüter von Metkovic nach Zenica in Zentralbosnien bringen sollte. 1994 war die Hauptphase des Bosnienkrieges, und der Bevölkerung ging es von Tag zu Tag schlechter, da die Transportwege blockiert oder Hilfskonvois beschossen wurden, und dadurch immer weniger Hilfsmittel in den Kriegsregionen ankamen.

Als Projektkoordinator hatte ich die Verantwortung über ein Team von durchschnittlich 15 Leuten und durfte mir meine Angst in unüberschaubaren oder brenzligen Situationen nicht anmerken lassen. Neben dem alltäglichen Kriegsgeschehen war ich durch Drohungen und versuchte Kidnappings auch selbst enormen psychischen Belastungen ausgesetzt. Dennoch musste ich immer souverän wirken, schnell den Überblick gewinnen und entsprechende Entscheidungen treffen.

Die Ereignisse gingen nicht spurlos an mir vorüber. Oft konnte ich nicht einschlafen oder hatte Alpträume. Ich arbeitete sehr hart und mein Arbeitstag hatte in der Regel zwischen 16 und 18 Stunden. Ich wollte während meiner geplanten Zeit im bosnischen Kriegsgebiet so viel als möglich auf den Weg bringen. Für mich gab es keine Sonn- und Feiertage, denn der Krieg und die damit verbundene miserable Lage machten auch über die Osterfeiertage keine Pause. Vormittags war ich im Büro, wenn ich nicht gerade mit einem Konvoi entlang der serbisch-kroatischen Frontlinien unterwegs war, um die entlegensten Dörfer notdürftig zu versorgen. Die Hilfsbedürftigen warteten manchmal in Dreierreihen vor meiner Bürotür, um mit mir über ihre Situation zu sprechen. Mir war klar, dass ich trotz aller Bemühungen nicht jedem helfen konnte, und manchmal wurde ich sogar bedroht, bespuckt und beschimpft.

Oft befand ich mich an meiner Belastungsgrenze und dachte über die Sinnhaftigkeit dieser Mission nach. Dennoch raffte mich immer wieder auf und erinnerte mich an meine Selbstdisziplin und mentale Stärke. Durch meinen außerordentlich großen Wagemut brachte ich dann sogar Dinge fertig, bei denen andere Hilfsorganisationen das Handtuch warfen. Ich konnte dadurch Menschen in den entlegensten Regionen Bosniens helfen.

Nach einer Vielzahl von erfolgreichen Hilfsprojekten verließ ich 3 Monate später das bosnische Kriegsgebiet mit dem Bewusstsein und dem inneren Antrieb, alsbald zurückzukehren und einige Projekte weiterhin zu begleiten.

Was ich aus diesen Erfahrungen lernte

Die Zeit in Bosnien hatte mich geprägt und ich hatte gelernt, Mitarbeiter in extremen Situation zu führen, ohne mir meine Angst selbst anmerken zu lassen. Mir wurde bewusst, was Vergänglichkeit bedeutete und wie wertvoll es sein konnte, Menschen in ihrer Not helfen zu können. Ich hatte nun meine eigentliche Bestimmung erkannt und konnte sie leben, was mir sehr viel Freude bereitete. Ich hatte erkannt, was im Leben wirklich wichtig war, dass man mit nur wenigen Dingen auskommen kann, wenn es um das nackte Überleben geht. Ich habe gelernt, dankbar zu sein für alles, denn nichts ist selbstverständlich. In Bosnien hatte ich gelernt, achtsamer und sorgsamer mit den wertvollen Ressourcen wie Wasser, Kraftstoffe, Lebensmitteln und Feuerholz umzugehen. Ich hatte gelernt, geduldiger zu sein, manchmal einen Schritt zurückzutreten und einen neuen Standpunkt einzunehmen, um das Wesentliche in der Situation erkennen zu können. Ich hatte gelernt, mich zu behaupten und mich nicht einschüchtern zu lassen. Ich hatte gelernt, zu weinen und meine Tränen nicht zu unterdrücken. Ich war, so banal es auch klingen mag, trotz der Härte des Krieges mit allen seinen grausigen Facetten, die ich miterleben musste, in meinem Herzen und in meinem sprachlichen Ausdruck weicher geworden. All diese Erfahrungen kann mir niemand mehr nehmen. Ich habe die Ereignisse nicht im Fernsehen gesehen oder von Dritten gehört, sondern real erlebt. Alle diese Bilder und Eindrücke haben mich zu einem anderen Menschen gemacht.

Die Kraft der Gedanken

Zwei Wochen nach meiner Rückkehr aus dem Kriegsgebiet geschah etwas sehr Merkwürdiges. Meine Lebensgefährtin hatte für die Flüchtlingshilfe eine Sitzung anberaumt. Ich nahm natürlich daran teil, doch keiner der Mitglieder stellte mir die Frage, wie es mir in Bosnien ergangen war, was ich erlebt hätte und wie ich die Lage beurteilen würde. Nichts - als wäre ich nie dagewesen. Sie gingen einfach zur Tagesordnung über und gingen auf die Projekte ein, deren Umsetzung ich für wichtig erachtete. Waren es meine Gedanken und damit verbunden meine Ausstrahlung, die damals schon so stark waren, die den Menschen in meiner näheren Umgebung unmissverständlich zu verstehen gaben, dass ich noch nicht bereit war, über das Erlebte zu berichten? In der Rückschau wurde mir bewusst, dass ich Kraft meiner Gedanken, energetisch eine riesige Schutzmauer um mich herum gebaut hatte, um nicht angesprochen zu werden. Erst Wochen später wurde ich von vielen Menschen und auch von Presseleuten gefragt, wie ich die Situation in den Kriegsgebieten eigentlich überstanden hätte. Zu diesem Zeitpunkt war ich dann auch bereit, mich dazu in der Öffentlichkeit zu äußern.

Eine Herzensentscheidung

Der Krieg in Bosnien war mittlerweile beendet und die internationalen Hilfsorganisationen waren abgezogen, doch den Menschen im Land fehlte es noch an allem. Die „Flüchtlingshilfe Langen" half dabei, das Land wieder aufzubauen. Hussein, der Direktor der Zentralküche, hatte eine sehr gute Idee. Als ich wieder in Bosnien war, fragte er mich, ob ich für die Küche eine Ziegenherde kaufen könnte. Er wollte die gesunde Ziegenmilch an kranke Menschen verteilen und aus der übrigen Milch Ziegenkäse herstellen. Ich fand die Idee gut, und so machte ich mich am nächsten Tag mit Miroslav, einem Mitglied der Küche, auf den Weg, eine Ziegenherde zu kaufen. Miroslav hatte im Vorfeld schon ausgekundschaftet, wo es eine Herde zu kaufen gab. Wir fuhren los und standen plötzlich vor dem Haus, das ich ursprünglich für die Organisation „Brücke nach Bosnien" angemietet hatte. Miroslav erzählte mir, dass die Bewohner Flüchtlinge aus Banja Luka wären und nun in ihre Heimat zurückkehren wollten. Ich schwieg und erzähle Miroslav nicht, dass ich diese Familie bereits sehr gut kannte, denn ich hatte längere Zeit mit der 3-köpfigen Familie in diesem Haus unter einem Dach zusammengelebt. Der Mathematikprofessor und seine Frau verdienten während des Krieges mit den Ziegen ihren Lebensunterhalt.

Gemeinsam gingen wir zum Ziegenstall und die Tochter hatte den Auftrag, uns die Ziegen nach und nach vorzuführen, wie ich es von großen Bauernmärkten aus Deutschland her kannte. Ihre Lieblingsziege hielt sie zunächst zurück, doch der Vater bestand darauf, auch diese zu zeigen. Miroslav wählte die stärksten Tiere aus, darunter war auch die Ziege des kleinen Mädchens.

Nun bekam ich einen Einblick in die zähen bosnischen Verhandlungstaktiken. Der Ziegenverkäufer nannte seinen Preis. Miroslav schwieg und schaute dabei die Ziegen an. Nach mehr als fünf Minuten des Schweigens nannte Miroslav seinen Preis, der bei weitem unter dem des Verkäufers lag. Es vergingen weitere Minuten, in denen kein Wort ausgetauscht wurde. Dann nannte der Verkäufer wieder einen Preis, der ungefähr in der Mitte beider Angebote lag. So ging es ein paar Mal hin und her, bis sich der Professor umdrehte und mir mitteilte, dass er nun damit einverstanden wäre. Er hätte normalerweise diese Ziegen für diesen Preis an niemanden verkauft, aber Miroslav sollte wissen, dass er es mir zuliebe getan hatte, und dass er wisse, dass seine Ziegen bei mir in guten Händen wären. Miroslav war sehr erstaunt über diese Aussage und fragte nach, woher der Professor mich kennen würde. Dieser erzählte nun Miroslav die Geschichte: Die gesamte Familie sei bis heute sehr dankbar, dass ich mich damals für deren Verbleib in dem Haus eingesetzt und sie kontinuierlich mit Lebensmitteln versorgt hätte, sie wüssten dies immer noch sehr zu schätzen. Miroslav schaute mich an und stellte mir die Frage, ob es hier in Bosnien überhaupt jemanden gäbe, dem ich nicht geholfen hätte und der sehr dankbar sein müsse. Auf diese Frage wollte ich ihm keine Antwort geben.

Am nächsten Tag kamen wir zum Verladen der Ziegen wieder. Als die Lieblingsziege der Tochter an der Reihe war, weinte das Mädchen bitterlich und kämpfte gegen das Verladen ihrer Ziege an. Ich mischte mich nun ein und gab die Anweisung, innezuhalten. Ich fragte das Mädchen, ob sie die Ziege behalten möchte und nach Banja Luka mitnehmen könne. Sie schaute ihren Vater an, der zustimmend nickte. Ich brachte es nicht über mein Herz, diesem Mädchen ihr über alles geliebtes Tier zu nehmen, und schenkte ihr diese Ziege. Miroslav schüttelte den Kopf und meinte, dass er die ganze Angelegenheit nicht verstehen würde. Ich hätte dieses Tier gekauft und würde es nun bezahlt wieder zurückgeben. Ich sagte Miroslav, dass er das nicht verstehen müsse, und ich viele Dinge, die ich mache, im ersten Moment auch nicht verstehen würde. Ich würde vieles einfach aus meinem Herzen heraus entscheiden und mich hinterher damit sehr wohlfühlen. Zum Abschluss drückte mir das überaus glückliche Mädchen einen dicken Kuss auf die Stirn. Ich verabschiedete mich bei deren Eltern und wünschte ihnen viel Erfolg bei der Rückkehr in ihre alte Heimat. Diese Geschichte wird dieser Familie ein Leben lang gewiss in guter Erinnerung bleiben. Wer weiß, vielleicht erzählt heute, nach mehr als 25 Jahren, dieses Mädchen, das mittlerweile selbst eine Familie haben könnte, ihren Kindern die Geschichte von ihrer Lieblingsziege.

Bis heute treffe ich aus dem Herzen heraus Entscheidungen, die auf den ersten Blick oft nicht nachvollziehbar sind. Doch für mich fühlt sich Großzügigkeit richtig und gut an, und ich verschenke immer wieder gerne meine Zeit für Energiearbeit, Informations-Chips oder andere Dinge.

„Die besten Dinge im Leben sind nicht die, die man für Geld bekommt."
Albert Einstein, Physiker und Nobelpreisträger

Wie ich die Kräfte der Natur als Energiequelle entdeckte

Schon als Jugendlicher versuchte ich meine physischen Grenzen auszutesten und trieb in meiner Freizeit viel Sport. So fuhr ich beispielsweise zuerst eine Stunde mit meinem Rennrad, zog dann meine Laufschuhe an und lief zum fünf Kilometer entfernten Baggersee. Wenn in den Sommermonaten das Wetter gut war, schwamm ich dort eine Runde durch den See und lief dann wieder nach Hause zurück. Das war Anfang der 70er Jahre. Eines Tages hatte ich meinen Bruder dazu animiert, einmal mitzumachen. Während des Laufens hatte ich die Idee, daraus mal einen richtigen Wettkampf zu machen, vergaß diesen Gedanken aber wieder. Erst wenige Jahre später fiel es mir wieder ein, als ich 1978 in einer Fernsehübertragung die Bilder des ersten Ironman auf Hawaii sah. Die Disziplinen Schwimmen, Radfahren und Laufen waren die gleichen, jedoch wurden diese über eine wesentlich längere Distanz und in anderer Reihenfolge ausgetragen, als ich sie bereits Jahre zuvor absolvierte. Mein Wunsch war es, einmal an solch einem Ironman teilzunehmen und zu „finishen".

Diesen Wunsch konnte ich mir im Juli 1998 erfüllen. Ich bereitete mich auf diesen Event über ein Jahr akribisch vor. Der bekannteste Triathlon über die Ironman-Distanz fand in Roth bei Nürnberg statt, und ich hatte mich dafür angemeldet.

Klaus, der Eigentümer des Radladens in Langen, stellte mir sein Wohnmobil für diesen Event zur Verfügung. So brauchte ich keine Unterkunft und konnte direkt vor Ort im Mobil übernachten. Thomas, ein treuer Freund und Betreuer, kam mit Giovanni, einem hervorragenden Physiotherapeuten, am späten Nachmittag angereist. Am nächsten Morgen ging es um 6 Uhr los. Die 3,8 km Schwimmdistanz musste im Rhein-Main-Donau-Kanal zurückgelegt werden. Die Wassertemperatur lag bei etwa 19° C, sodass auf jeden Fall mit Neoprenanzug geschwommen werden musste. Das Schwimmen fiel mir an diesem Morgen leichter als gedacht. Ich hatte eine Zeit von 1:40 Std. einkalkuliert und lag wider Erwarten mit 1:27 Std. sehr gut im Zeitplan. Danach ging es auf die 180 km lange Radstrecke, deren Schleifen zweimal gefahren werden mussten.

Das Streckenprofil war nicht einfach, denn es galt 1.200 Höhenmeter zu überwinden. Es ging zunächst an den südlichsten Punkt nach Greding. Bei km 75 musste der berüchtigte Solaer Berg mit einer Steigung von guten 15 % bezwungen werden. Hier jubelten die Zuschauer zu Hunderten den Teilnehmern zu. Doch es galt, mich zurückzuhalten und nicht durch die Euphorie der Massen anheizen zu lassen. Gelassen schaute ich auf meine Puls-Uhr und achtete darauf, dass ich meinen vorgegebenen Puls von 150 an diesen Steigungen nicht überschritt. Jeder Fehler konnte später das Aus bedeuten. Für die Radstrecke hatte ich mir eine Zeit von 6:30 Std. vorgegeben. Auch hier war ich überraschenderweise schon nach 6:10 Std. in der Wechselzone. Nun sollte meine Paradedisziplin, das Laufen, beginnen. Es war eine schier trostlose Strecke entlang des Rhein-Main-Donau-Kanals.

Bereits ab km 20 fing ich mich an zu quälen und bekam Muskelkrämpfe. Ich war nahe dran aufzugeben. Hinzu kam, dass es auf dem Weg entlang des Kanals keinen Schatten gab und ich die ganze Laufstrecke der glühenden Sonne ausgesetzt war. Bei km 25 kamen mir Thomas und Giovanni entgegen, die mich anfeuerten weiterzumachen, und ich kämpfte weiter. Es war mir mittlerweile nicht mehr so wichtig, die von mir geplante Zeit von 3:30 Stunden für die 42,2 km einzuhalten. Nur noch das Ziel zu erreichen, war die Parole. Meinen inneren Schweinehund lernte ich an diesem Tag besonders gut kennen und kämpfte immer wieder vehement gegen ihn an. Jeder Teilnehmer wusste: Wenn er die Kirchturmspitze von Roth in naher Ferne sah, war das Ziel bald erreicht.

Von der Lände Roth ging es dann in einer Schleife durch die Altstadt von Roth zum Ziel im Stadtpark. Tausende von Zuschauern säumten ab hier die Wegstrecke und feuerten die Teilnehmer an, noch einmal alles zu geben. Giovanni lief ein paar Meter neben mir her und schrie mir zu: „Du hast es geschafft, genieße die letzten Meter zum Ziel! Du bist ein Finisher!" In der Tat genoss ich die letzten Meter bis zur Ziellinie. Ich hatte es geschafft! Ich war ein Ironman-Finisher. Ich hatte mein Ziel nach 12:30:46 Stunden erreicht. Die Zeit selbst war für mich nicht von Bedeutung, wichtiger war es für mich, an diesem Tag beim Kampf über mich selbst als Sieger hervorgegangen zu sein. Ich wollte mir beweisen, dass ich in der Lage war, alles zu schaffen, wenn ich es nur wollte. Mit Disziplin, Beharrlichkeit, Ausdauer und einer großen Portion mentaler Stärke hatte ich es innerhalb von nur einem Jahr harten Trainings geschafft, einen der härtesten Wettbewerbe, den Ironman, erfolgreich zu bewältigen.

In einer stillen Stunde fragte ich mich, woher ich eigentlich die Energie dafür nahm. Eines Tages kam ich dem Geheimnis auf die Spur. In Langen ging ich zum Laufen oft in den Wald, der mir in den heißen Sommermonaten nicht nur den wohlersehnten Schatten spendete, sondern auf mich auch eine besondere Art von Energie übertrug, die mir das Gefühl von Leichtigkeit übermittelte. Ich konnte die Energie des Waldes spüren und nahm sie mit jedem Atemzug vollkommen in mich auf, sodass ich in meinen Wettkämpfen richtig Gas geben konnte, während andere schon längst in den Seilen hingen. Diese Erkenntnis war mein Geheimnis, das ich später als Bestandteil in meine Seminare einbaute. Hierbei lernen die Teilnehmer, die Energien von Pflanzen zu erspüren und diese positiv für sich zu nutzen. Ich hatte einen Ironman dazu gebraucht, um diese Erkenntnis zu gewinnen und gebe meine Erfahrungen nun gerne an meine Mitmenschen weiter.

Wann ist es sinnvoll ist, einfach loszulassen

Meine Mutter hatte sich von einer großen Tumoroperation nie wieder richtig erholt. Sämtliche Organe waren mittlerweile von Metastasen befallen, und es ging ihr im Juli 2000 von Tag zu Tag schlechter. Noch war sie bei klarem Verstand, doch nach Rücksprache mit der Hausärztin würde auch dieser Zustand nicht mehr lange andauern.

Ich versah tagsüber meinen Dienst in Egelsbach und fuhr danach zu meiner Mutter, um dort die Nachtwache zu übernehmen. Oft hielt ich des Nachts meiner Mutter die Hände und bat sie, loszulassen. Sie kämpfte nach wie vor gegen diese schwere Krankheit an, obwohl sie wusste, dass der Krebs ihren Körper bereits hoffnungslos befallen hatte. Ich begleitete sie während des Sterbeprozesses und spürte dabei, dass sie mir noch etwas Wesentliches hätte mitteilen wollen, was ihr aber letztendlich nicht mehr gelang. Sie wusste, dass sie als Mutter in unserer Erziehung vieles verkehrt gemacht hatte und wollte sich dafür bei mir noch entschuldigen. Sie musste es mir nicht sagen, denn ich war sehr gut in der Lage dies zu spüren. Schon als Kind war ich dazu fähig, unausgesprochene Worte wie ein Radiogerät zu empfangen; man könnte es auch als telepathisches Gespür bezeichnen. In der Schule wusste ich beispielsweise schon Minuten vorher, was der Lehrer sagen würde.

Heute weiß ich, dass unser menschlicher Organismus nicht nur aus Materie besteht. Im Grunde genommen sind wir wandelnde Litfasssäulen, bestehend aus bioenergetischen Informationen. In meinen Seminaren lernen die Teilnehmer, diese bioenergetischen Informationen sinnvoll zu nutzen, mit dem Ziel, die eigene Energie, Kraft und das Befinden selbst steuern zu können.

Die Begegnung mit dem Zenmeister und der Beginn des Erwachens

Irgendwann kam meine Sekretärin auf mich zu und fragte mich, ob ich schon einmal etwas von einem Eckehard Tolle gehört hätte. Ihre Erzählungen machten mich neugierig, und ich kaufte mir einige Bücher von ihm. Meine Tür in die Welt der Spiritualität war hiermit geöffnet. Ich nahm die Informationen begierig auf und begann zu meditieren. Wenige Zeit später bekam ich ein Buch von einem Wolfgang Kopp in die Hände. Der Titel des Buches war „Befreit euch von allem".

Das Buch faszinierte mich, und ich begann zu recherchieren, wer dieser Mann ist. Ich erfuhr, dass Wolfgang Kopp ein praktizierender Meditationsmeister und ein ehemaliger Schüler des 1977 verstorbenen Zen-Meisters Soji Enku Roshi ist. Als dessen Dharma-Nachfolger leitet er in Wiesbaden das „Tao-Ch'an Zentrum".

Schnell sah ich im Internet nach und fand auf der Webseite einige Termine, an denen auch Anfänger teilnehmen konnten. Beim nächsten Treffen war ich dabei und bekam einen Einblick in den Zen-Buddhismus. Die Dharmavorträge von Zenmeister Zensho alias Wolfgang Kopp fesselten und faszinierten mich. Eines Tages beschloss ich, mich intensiver damit zu beschäftigen, und nahm Unterricht bei einem seiner, von ihm auserwählten, Lehrer. Normalerweise sollte ein Schüler mindestens zwei Jahre bei einem Lehrer unterrichtet worden sein, bevor er als Schüler von einem Zenmeister aufgenommen wird. Das dauerte mir alles viel zu lange, und schon nach meiner dritten Unterrichtseinheit beschloss ich, beim nächsten Meditationswochenende Zenmeister Zensho vorstellig zu werden, um ihn zu fragen, ob ich sein Schüler werden könnte. Gesagt, getan. Zensho hatte zu diesem Zeitpunkt bereits 109 Schüler. Nach seinem Dharmavortrag gab es eine kurze Pause. Ich nutzte diese Gelegenheit und klopfte an der Tür seines Besprechungszimmers an. Zenmeister Zensho bat mich herein und bot mir einen Platz an. Er fragte mich, was ich denn von ihm wolle, und ich antwortete aus tiefsten Herzen und mit lauter Stimme: *„Ich möchte dein Schüler werden".*

Seine tiefblauen Augen strahlten mich an und er entgegnete mir: *„Dieser Wunsch kam ja ganz aus der Tiefe deines Herzens."* Er fragte mich, ob ich denn wisse, worauf ich mich da einließe. Ich erwiderte, dass dies so schlimm nicht sein könne, denn schließlich wären die anderen 109 Schüler nach mehreren Jahren immer noch bei ihm. Er lachte, nahm seine Glocke in die Hand, öffnete die Tür, läutete mehrere Male und als alle seine Schüler sich ihm zugewandt hatten und der Raum mucksmäuschenstill war, stellte er mich als seinen neuen Schüler vor. Alle klatschen und beglückwünschten mich. Viele fragten mich, wie ich das denn fertiggebracht hätte, dass er mich nach so einer kurzen Phase schon als Schüler aufgenommen hätte. Ich antwortet ihnen: *„Das müsst ihr Zensho persönlich fragen, was ihn dazu bewogen hatte."*

Ich fuhr nun zwei bis drei Mal pro Woche nach Wiesbaden und nahm einmal im Monat an einem Meditationswochenende teil. Ich lernte als Neuling die Gepflogenheiten und die Mitglieder der Sangha kennen. Sangha bedeutet in der buddhistischen Terminologie „Versammlung", „Menge" oder auch „Gemeinschaft". Die Zeit verging, die Dharmavorträge des Meisters wiederholten sich und mir wurde langweilig. Ich hatte innerhalb weniger Monate viel dazugelernt und hatte nun das Gefühl, dass alles stockte und es bei mir nicht mehr weiterging.

Die Botschaft der roten Nacktschnecke

Während dieser Phase der Eintönigkeit bildete ich mich zusätzlich bei einem Schamanen weiter. Mehrmals fuhr ich zu Hermann Strohmeier in den Teutoburger Wald, um von ihm die schamanische Heilkunst und die Zeremonie einer Schwitzhütte und deren Bau zu erlernen. Hermann brachte mir viel über die indianischen Rituale bei, und immer wenn ich bei ihm war, fühlte ich mich sehr geborgen und angenommen. Neben den Trommelritualen, Schwitzhütten und schamanischen Heilreisen schulte ich auch meine Achtsamkeit und nahm immer bewusster die Energien meiner Umgebung wahr. Meine Sinne schärfte ich draußen in der Natur und so erkannte ich sehr schnell, wie die Urkräfte wirken und wie schöpferisch letztendlich alles miteinander verwoben war.

Dieses Zusammenspiel der Naturkräfte erkannt zu haben, war für mich eine sehr wertvolle Erfahrung. Oft saß ich zu dieser Zeit abends bei sternenklarem Himmel in eine Decke eingehüllt draußen auf einer Lichtung und blickte in meditativer Haltung in die Weite des Weltalls. Ich spürte das Zusammenwirken der planetaren Kräfte und begann auch deren Energien für mich bewusst zu nutzen. Ich lenkte sie an schmerzende Stellen meines Körpers und empfand dies als so wohltuend, dass ich dieses positive Gefühl dort verankerte. Einen „Anker" zu setzen bedeutet, Informationen an einer Körperstelle zu speichern, um sie später wieder abrufen zu können, vergleichbar mit einem geschriebenen „Word"-Dokument, das auf einer CD, einem USB-Stick oder auf der Festplatte gespeichert wird.

Oft hatte ich des Nachts Eingebungen. Mein Körpergefühl und mein intuitives Gespür verbesserten sich, und es wurde mir tagtäglich bewusster, dass es da noch mehr geben musste, aber ich konnte zu diesem Zeitpunkt noch nicht beschreiben, was es ist. Ich hatte von Hermann gelernt, dass ich die Antwort für anstehende lebenswichtige Entscheidungen durch klare, zielgerichtete Fragen, die in Form eines Gebetes an die kosmischen Urkräfte gerichtet werden, und durch achtsames Wahrnehmen von Geschehnissen in der Natur erhalten konnte.

Ich hatte eine gravierende und weitreichende Entscheidung zu treffen. Die Frage, ob der Job, den ich in Egelsbach als Prokurist und kaufmännischer Leiter wahrnahm, noch der richtige war, quälte mich zunehmend. Ich hatte keine Freude mehr an meiner Arbeit. Der Flugplatz befand sich in der letzten Stufe der Ausbauphase, und ich hatte alles erreicht und sämtliche Projekte fast abgeschlossen. Ich sah keinen Sinn mehr darin, die nun täglich wiederkehrenden Arbeitsabläufe stumpfsinnig verrichten zu müssen und ging mit der Frage nach meiner weiteren Zukunft eines Sonntagsmorgens hinaus in die Natur.

Ich begegnete merkwürdigerweise keinem einzigen Menschen, obwohl es schon gegen 10 Uhr war. Ich ging über einen Bauernhof und niemand war zu sehen. Ich ging durch eine Wohnsiedlung und alles war wie ausgestorben. Befand ich mich in einer anderen Dimension? Ich wusste es nicht, jedoch wirkte die gesamte Situation etwas seltsam und ungewöhnlich auf mich. Ich ließ mich treiben, spürte die Wärme eines sanften Lufthauchs auf meiner Haut und atmete tief den Geruch der ersten wohlduftenden Blüten des Frühjahrs ein. Ich hatte kein Zeitgefühl mehr und ging nur noch achtsam und meditativ durch die Landschaft.

Irgendwann kam ich an einen Bachlauf und setzte mich nun bewusst auf einen Holzstamm in die wohlige Frühjahrssonne, um dem Plätschern des Wassers zu lauschen. Ich schloss meine Augen und richtete nochmals meine Frage in Form eines Gebetes an die kosmischen Kräfte, mit der Bitte, eine Antwort zu erhalten. Bis jetzt hatte ich noch keine Informationen bekommen. Ich richtete meine ganze Aufmerksamkeit auf das Geräusch des fließenden Baches und spürte dessen Energie. Ich hatte das intuitive Gefühl, dass die Töne des Wassers mir etwas zu sagen hatten. Ich fiel in einen tranceartigen Zustand, in dem ich den Hinweis bekam, dass ich etwas anderes machen sollte. Die Botschaft war: *„Sei spielerisch wie das Wasser, verändere Dich und bringe etwas Neues hervor."* Ich stellte die Frage, in welchem Zeitraum die Veränderung stattfinden solle und schlief daraufhin in der Mittagsonne ein.

Als ich meine Augen öffnete sah ich, dass eine rote Nacktschnecke über meinen rechten Schuh gemächlich dahinkroch. Das war die Botschaft. Diese Schnecke stand symbolisch für Langsamkeit, d. h. ich sollte mir viel Zeit für den Veränderungsprozess lassen und nichts überstürzen. Ich hatte meine Antworten auf meine Frage erhalten. In den nächsten Wochen war ich weiterhin sehr aufmerksam, bekam jedoch keine zusätzlichen Hinweise mehr.

Meine Schulung durch Hermann und die damit verbundenen Erfahrungen waren für mich so wertvoll, dass ich sie als ein wichtiges Element in meine Seminare aufnahm. Durch hohe Achtsamkeit in Verbindung mit einer guten Beobachtungsgabe hatte ich gelernt, in der Natur meine Antworten auf lebensentscheidende Fragen zu finden. Dies wurde zu einem wesentlichen Bestandteil meines Lebens. Immer wenn ich eine Lösung für die Bewältigung eines Problems benötige, gehe ich mit der klar formulierten Frage hinaus in die Natur. Manchmal bekomme ich eine Antwort erst ein paar Tage später, aber ich bekam bislang immer einen entsprechenden Impuls.

Während meiner Schülerschaft bei Zenmeister Zensho erkannte ich immer mehr, dass in jedem Menschen sein eigener Meister schlummert, und ich also letztendlich mein eigener Meister bin. Diese Erkenntnis trug maßgeblich dazu bei, dass ich nach eineinhalb Jahren Zenmeister Zensho einen Brief schrieb, in dem ich ihm meine Schülerschaft aufkündigte.

Mein Lichtnahrungsprozess

Zwei Monate später lud mich Regina, eine alte Freundin, zu einem Meditationswochenende ins Ruhrgebiet ein. Wir verabredeten uns bei ihr zu Hause in Vloto und fuhren gemeinsam zu diesem Event. Auf der Fahrt dorthin erzählte mir Regina, dass wir vorher noch eine Freundin besuchen würden, die seit mehreren Monaten nur von Licht leben würde und deren Kühlschrank gänzlich leer sei. Erstaunt schaute ich Regina an und stellte mir im gleichen Moment ihre Freundin als klapprige, abgemagerte Vogelscheuche vor. Als sie uns die Haustüre öffnete, wurde ich jedoch eines Besseren belehrt; es war eher das Gegenteil der Fall. Sie war gut genährt und sah erstaunlich gut aus. Jetzt wurde ich neugierig und wollte mehr über diese Lichtnahrung wissen. Doch sie wollte mir nicht viel darüber erzählen, sondern gab mir mehrere Bücher zu diesem Thema mit. Das Meditations-Wochenende war nichts für mich. Es erinnerte mich zu sehr an die Erlebnisse mit dem Zenmeister Zensho.

Zu Hause in Langen angekommen, nahm ich neugierig das Buch über den Lichtnahrungsprozess in die Hand und begann es zu lesen. Nach den ersten 20 Seiten legte ich es wieder zur Seite und fand, dass dieser Prozess nichts für mich wäre.

Drei Wochen vor Ostern begann ich zu fasten, weil ich das Gefühl hatte, meinen Körper wieder innerlich reinigen und entschlacken zu müssen. Eine Woche nach Fastenbeginn fielen mir erneut die Bücher über den Lichtnahrungsprozess in die Hände. Dieses Mal befasste ich mich intensiv damit und beschloss, diesen Prozess zu machen. Die Osterfeiertage boten sich dafür gut an und ich nahm noch zusätzliche zwei Wochen Urlaub.

Am Karfreitagnachmittag um 17 Uhr begann ich mit dem Lichtnahrungsprozess. Mein Körper war nach einer fast dreiwöchigen Fastenkur gut auf diesen Vorgang vorbereitet. Ich zündete eine Kerze an und begann den Lichtnahrungsprozess mit einer Meditation. Jetzt galt es, die nächsten sieben Tage nichts zu essen und zu trinken. Nichts zu essen war ich schon gewohnt, aber über einen Zeitraum von 168 Stunden nichts zu trinken, das war für mich neu. In der Anleitung des Prozesses hatte die Verfasserin „Jasmuheen" beschrieben, dass die geistige Welt in der Nacht zum 5. Tag zur Entlastung der Organe einen energetischen Eingriff tätigen würde. Ohne Nahrung zu sich zu nehmen, kann ein Mensch bis zu vier Wochen überleben, sagen die Experten. Dagegen beginnt normalerweise ab dem 4. Tag der Sterbeprozess, wenn er keine Flüssigkeit zu sich nimmt.

Tatsächlich fingen ab dem dritten Tag meine Nieren an zu schmerzen. In der Nacht auf den fünften Tag musste sich jedoch etwas ereignet haben, das ich bewusst nicht mitbekommen habe, denn ab diesem Tag hatte ich keine Schmerzen mehr und fühlte mich merklich wohler. Während der ersten sieben Tage meditierte ich mehrmals täglich. Ich ging sogar nach draußen, um spazieren zu gehen, fühlte mich aber sehr müde und schlapp. Ich hatte nun seit mehr als vier Wochen nichts gegessen. Beim Zähneputzen musste ich aufpassen, bloß kein Wasser zu schlucken, denn sonst wäre der Prozess für 24 Stunden unterbrochen worden bzw. ich hätte ihn um einen Tag verlängern müssen. Das Ziel des Lichtnahrungsprozesses ist es, die Zellen umzuprogrammieren, damit der physische Körper nach der Beendigung des Prozesses seine Nahrung durch Licht (Biophotonen) erhält. Ich ging während der ersten sieben Tage emotional durch alle Höhen und Tiefen. Ich spürte, wie sich meine Wahrnehmung veränderte, und ich begann, meinen Körper auf eine andere Weise kennenzulernen. Mein Vertrauen zur geistigen Welt nahm immer mehr zu. Das Urvertrauen war nach dem fünften Tag plötzlich da.

Mir war bewusst, dass es eine Energie gab, die mich am Leben erhielt und mit der ich jetzt fühlbar in Berührung kommen durfte. Mit Ehrfurcht und großer Dankbarkeit an die geistige Welt zündete ich nach Beendigung der ersten sieben Tage um 17 Uhr eine Kerze an und ging in die zweite Phase des Prozesses über.

Nun durfte ich Flüssigkeit zu mir nehmen. Ich versuchte, Wasser zu trinken, aber die Hälfte rann wieder aus meinen Mund heraus. „Was ist da los?", fragte ich mich. Ich musste wieder lernen zu schlucken und probierte nun mit einem Teelöffel, mir das Wasser auf die Zunge zu träufeln. Ich benötigte mehr als eine halbe Stunde, um ein Glas Wasser zu trinken. Nun konnte ich besser verstehen, warum es einem Menschen, der über einen längeren Zeitraum künstlich ernährt wurde, sehr schwerfällt, wieder zu schlucken. Ab dem 8. Tag ging es kräftemäßig und auch energetisch steil nach oben. Ich hatte nun ein Gefühl dafür bekommen, wie viel Energie sogar in einem Glas guten Wassers steckt. Die nächsten Tage spürte ich richtig, wie mein Körper an Kraft zunahm, obwohl ich nach wie vor nichts aß.

Am fünfzehnten Tag ging ich normal wieder zur Arbeit und merkte auch hier, dass sich meine Wahrnehmung, Achtsamkeit und Konzentrationsfähigkeit wesentlich verbessert hatte. Ich nahm die Energien um mich herum anders wahr, und es bereitete mir nun auch sichtlich Freude, zu erkennen, dass ich auch ohne Nahrung auskommen konnte. Meine Urängste, nicht genügend Nahrung zu erhalten, wurden für mich bedeutungslos. Ich kam nun schon über sechs Wochen ohne jegliches Essen aus und fühlte mich energie- und kraftvoller als je zuvor.

Auch die Zeit, die ich nun zur Verfügung hatte, wurde mir immer bewusster. Ich musste in den letzten Wochen keine Lebensmittel einkaufen. Ich konnte länger schlafen, da ich nicht frühstückte, und musste mir keine Gedanken darüber machen, was ich mir zum Essen zubereiten sollte. Alles in allem sparte ich – kurz gesagt – Zeit und Geld.

Ich wurde natürlich immer wieder auf meinen Essensverzicht angesprochen und erklärte den Menschen, die es wissen wollten, den Lichtnahrungsprozess, den ich ja erfolgreich hinter mich gebracht hatte. Meistens wurde ich belächelt mit der Frage: *„Wenn das alles so einfach wäre, warum müssen dann so viele Menschen auf dieser Welt Hunger leiden?"* Die Antwort darauf ist ganz einfach: *„Weil sie das Bewusstsein dafür noch nicht haben."* In der Tat könnte man vielen Menschen helfen, indem ihr Bewusstsein verändert wird, und ich stellte mir dabei bildlich vor, wie gewaltige Industriezweige untergingen oder sich dem Veränderungsprozess anpassen müssten, wenn ein Großteil der Menschheit diesen Weg des Lichtnahrungsprozesses wählen würde. Angeblich sollen bisher mehr als 20.000 Menschen weltweit diesen Prozess erfolgreich durchlebt haben.

Ich blieb mehr als sechzehn Wochen ohne Nahrung und fühlte mich dabei sehr wohl. Ab der siebzehnten Woche begann ich wieder zu essen. Die Umstellung auf feststoffliche Nahrung fiel mir erstaunlicherweise sehr leicht. Ich hatte keinerlei Probleme mit meiner Verdauung.

Mir war nun bewusst, dass ich zu jeder Zeit wieder auf Essen verzichten konnte, denn meine Zellen waren ja auf Lichtnahrung programmiert. Ich erkannte diesen Vorteil besonders dann, wenn meine Mitstreiter bei einer Bergtour z. B. nach spätestens drei Stunden eine Brotzeit in der nächstgelegenen bewirtschafteten Hütte brauchten. Wenn die Almhütte geschlossen war oder der Weg zur nächsten Hütte noch zwei bis drei Stunden länger dauern sollte, wurden manche sogar aggressiv oder schwächelten. Deshalb hatte ich für solche Notfälle immer einige Müsliriegel dabei. Ich selbst brauchte auf solchen Touren tagelang nichts zu essen.

Es gab natürlich einen Grund, warum ich wieder begann, feststoffliche Nahrung zu mir zu nehmen. Das Essen und Trinken spielt in unserem sozialen System eine wesentliche Rolle. Die besten Verträge werden bei einem genüsslichen Arbeitsessen geschlossen. In meiner Position als kaufmännischer Leiter bekam ich während der Planungs- und Ausbauphase des Flugplatzes Egelsbach viel Besuch von Personen aus dem Ministerium und Regierungspräsidium, von Politikern oder anderen in die Planung mit einbezogenen Personen. Die Meetings fanden fast alle am Vormittag statt, mit der Absicht und Hoffnung, von mir im Flugplatzrestaurant zu einem abschließenden Mittagsmenü eingeladen zu werden. Die ersten Male schob ich eine Magenverstimmung vor, um nichts essen oder den Gästen den Lichtnahrungsprozess erklären zu müssen. Sie hätten mich wahrscheinlich als Spinner oder gar als unzurechnungsfähig verurteilt. Also begann ich, mich mit einer Suppe als Vorspeise zu begnügen, um nicht aufzufallen und unangenehmen Fragen aus dem Weg zu gehen.

Dieser Prozess hatte mich in meiner spirituellen Ausrichtung einen erheblichen Schritt weitergebracht und das Puzzle vervollständigt. Erst während des Lichtnahrungsprozesses wurde ich mir der Energie bewusst, die mich am Leben erhält. Ich war mit dieser göttlichen Energie nun sehr eng verbunden und spürte sie eindeutig. Ich fühlte mich wesentlich feinfühliger und durchlässiger, aber auch fragiler. Ich meditierte nach dem Lichtnahrungsprozess jeden Tag und entwickelte dabei eine Methode, die mir zu einer schnelleren Anbindung an die göttliche Energie verhalf. Ich bezeichne diesen Vorgang als „ONLINE GEHEN". Im

Laufe der Zeit verfeinerte ich diese Technik und gestaltete sie so einfach, dass es mittlerweile jeder während eines Seminars bei mir erlernen kann.

Die Kette des Medizinmannes

Mein Blick richtete sich auf die letzten landenden Flugzeuge, als meine Sekretärin an die Tür klopfte, um mir einen schönen Feierabend zu wünschen. Ihre Frage, wann ich eigentlich das letzte Mal richtig Urlaub gemacht hätte, stimmte mich sehr nachdenklich, denn ich konnte mich nicht mehr daran erinnern. Es war Mitte Februar, und ich wusste in der Tat nicht, wo ich zu dieser Jahreszeit hätte Urlaub machen wollen. In Europa war es zu diesem Zeitpunkt sehr kalt, und ich wünschte mir für meinen Urlaubsort wärmere Gefilde. Gesagt, getan, am nächsten Tag überbrachte mir meine Sekretärin ein Superangebot für eine Reise nach Senegal.

Zwei Wochen später saß ich im Flugzeug auf dem Weg nach Dakar. Der Club Aldiana, zu dem meine Reise gehen sollte, lag nahe der senegalesischen Kleinstadt Mbour. Nach einer zweieinhalbstündigen Busfahrt über eine holprige Wegstrecke erreichten wir den Club. Dort angekommen, bekamen wir eine Führung durch die zauberhafte, von uralten Baobabs umsäumte Anlage und den Sicherheitshinweis, den Club nicht oder nur mit Personenschutz zu verlassen. Ich war alleine in einem „Rondavel" nahe dem Meer untergebracht und machte mich nach einer erholsamen Nacht am nächsten Morgen, allen Sicherheitsbelehrungen trotzend, mit meinem kleinen Reiserucksack zu Fuß auf den Weg in die Savanne.

Es war das Ende der Trockenzeit, die Landschaft war von der Sonne braun und strohtrocken, die wasserspendenden Tümpel waren ausgetrocknet. Nach einem eineinhalbstündigen Marsch durch die brütende und flirrende Hitze erreichte ich ein kleines Dorf mit einer Handvoll Hütten aus Lehm oder aus verschiedenen Baumaterialien, laienhaft und improvisiert zusammengebastelt. In der Mitte des Dorfes saßen Einheimische trotz der Hitze in der prallen Sonne in einem Kreis zusammen und spielten Karten. Es war um die Mittagszeit. Ein alter Mann schaute mich mit seinen wachen und funkelnden Augen kurz an. Unsere Blicke kreuzten sich, und ich wusste von diesem Augenblick an, dass dieser Mensch etwas Besonderes und Geheimnisvolles in sich barg. Er trug eine Kutte als Gewand und wirkte auf mich sehr würdevoll und stolz.

Ein junger Mann sprang auf und kam auf mich zu. Nach einem kurzen sprachlichen Abtasten fragte er mich in erstaunlich gutem Deutsch, was ich denn hier wolle. Ich war verblüfft, erfuhr aber später, dass der Club Aldiana der größte Arbeitgeber in der Region ist. Voraussetzung für ein Arbeitsverhältnis ist, mindestens zwei Sprachen zu verstehen und zu sprechen. Demzufolge konnten einige Einheimische neben ihrer Stammessprache noch mehrere Fremdsprachen.

Ich entgegnete ihm, dass ich ein neugieriger und wissbegieriger Mann wäre und die Menschen und das Land kennenlernen wollte. Ich fragte ihn, wer denn der alte Mann in der Kutte wäre und was er mache. Meine Vorahnung wurde bestätigt, als er mir mit Stolz antwortete, dass dies sein Großvater wäre, der ein bekannter Heiler und Berater sei.

Ich fragte, wie er denn heile, und bekam zur Antwort, dass die Menschen im Senegal sehr arm wären und kein Geld für Medikamente oder Ärzte hätten. Also kämen viele Kranke zu ihm, und er ginge dann in die Savanne, um entsprechende Heilkräuter gegen ihre Krankheiten zu sammeln. Auch seine Tätigkeit als Berater sei sehr beeindruckend, denn wenn Regierungsbeamte eine Bestätigung für ihre in die Zukunft gerichteten Beschlüsse benötigen, kämen sie zu ihm. Er spräche dann mit seinen Ahnen und gäbe ihnen eine Empfehlung.

Er nannte seinen Großvater Abdou, und ich bat seinen Enkel, ihn zu fragen, ob ich beim nächsten Mal mitkommen dürfte, wenn er wieder zum Heilkräutersammeln in die Savanne ginge. Der junge Mann entgegnete mir mit Entsetzen, dass dies unmöglich wäre, denn noch nicht einmal seine Söhne durften ihn bis zum heutigen Tag dabei begleiten. Abdou schaute kurz auf, als hätte er aus der Ferne verstanden, was ich von ihm wollte.

Ich bat seinen Enkel, ihn trotzdem zu fragen. Er ging zu seinem Großvater und zu meinem großen Erstaunen kam er mit der Antwort zurück, Abdou müsse seine Ahnen dazu befragen, und ich solle morgen wiederkommen. Ich ging also zurück in den Club und sah erwartungsvoll Abdous Antwort entgegen. Am nächsten Morgen machte ich mich wieder auf den Weg in das kleine Dorf, das ich auf Anhieb wiederfand.

Abdou und sein Enkel erwarteten mich schon. Meine Spannung stieg ins Unermessliche. Sein Enkel übersetzte mir, dass sein Großvater die halbe Nacht mit seinen Ahnen gesprochen hätte und diese ihm zum ersten Mal die Zustimmung gegeben hätten, dass er jemand zum Kräutersammeln in die Savanne mitnehmen dürfe.

Abdou, Heiler und Berater im Senegal

Es war für mich etwas sehr Besonderes und so kam es, dass ich zwei Tage später mit dem Medizinmann und seinem Enkel in einer nicht gefederten Kalesche, die von einem uralten Klepper gezogen wurde, durch die Savanne ruckelte. Das Bemerkenswerte während der ganzen Fahrt war für mich, dass ich im Voraus schon immer wusste, wo wir als nächstes halten würden.

Nach ungefähr zwei Stunden Fahrt sah ich in der Ferne einen aus der trockenen Savanne herausragenden grünlich leuchtenden Baum und zeigte in die Richtung des Baumes. Abdou lachte und sein Enkel übersetzte mir, dass wir genau dorthin fahren würden. Je näher wir kamen, desto mehr entpuppte sich dieser Baum als ein majestätisch kraftvolles, aus der Savanne herausragendes Naturwesen. Noch beeindruckender war es für mich, als mir Abdou übersetzen ließ, dass unter diesem Baum sein Vater beerdigt sei. Wir machten Rast und Abdou bat darum, dass ich ihn jetzt für eine kurze Zeit alleinlassen möge. Abdou meditierte unter dem schattenspendenden Baum eine ganze Weile und forderte mich dann auf, neben ihm auf dem Erdboden Platz zu nehmen. Er holte ein kleines ledernes Säckchen aus seiner braunen Kutte. Der Inhalt, so erklärte es mir sein Enkel, seien die getrockneten Beeren dieses Baumes. Abdou spielte geschickt damit und verteilte sie in Dreierreihen. Nach dieser Zeremonie funkelten seine Augen wie strahlende Diamanten, und er bestätigte mir nochmals, dass seine Ahnen froh seien, dass ich heute dabei wäre.

Wir hatten an diesem Tag verschiedenartige Heilkräuter gesammelt, und ich hatte sehr viel von Abdou lernen dürfen. Wir fuhren zurück ins Dorf und kamen am späten Nachmittag dort an. Abdou trug während der gesamten Zeit eine Kette um seinen Hals, die in seiner Hütte ihren eigenen, besonderen Platz an einem Haken hatte.

Er erklärte mir, dass er diese Kette immer trage, wenn er in die Savanne gehe, mit seinen Ahnen meditiere oder Heilungszeremonien durchführe.

Wieder im Dorf angekommen, lud mich Abdou zum Essen ein. Die Frauen des Dorfes hatten eine riesige Schale mit Reis und Ziegenfleisch zubereitet. Abdou ließ mir mitteilen, dass ich am Samstag wiederkommen solle, dann würde er gerne mit mir nach Mbour auf den Markt gehen, um mir Heilkräuter zu zeigen, die es im Senegal nicht gäbe, aber im benachbarten Gambia wüchsen. Ich versprach ihm, wieder zu kommen.

Im Club hatte ich mittlerweile von den dort arbeitenden Einheimischen meinen Spitznamen „Der Weiße mit dem roten Rucksack" erhalten, die anderen Clubgäste nannten mich „Der, der sich nicht an die Spielregeln hält".

Am Samstag traf ich Abdou, und wir gingen gemeinsam auf den Markt nach Mbour. Natürlich trug ich als mein Markenzeichen, den bordeauxfarbenen Rucksack, auf dem Rücken.

Ich blickte Abdou fragend an, als er mich mitten auf dem Marktplatz bat, meinen Rucksack abzunehmen und ihn zu öffnen. Abdou nahm seine prachtvolle Kette ab, spuckte dreimal darauf und warf sie in meinen geöffneten Rucksack. Überrascht und sprachlos stand ich vor ihm und wusste im ersten Moment nicht, was ich machen sollte.

Mir war bewusst, dass diese Kette etwas sehr Wertvolles für ihn war und ließ ihm sagen, dass ich dieses kostbare und einzigartige Geschenk nicht annehmen könne. Er entgegnete mir, dass ich aus Europa hätte kommen müssen, um diese Kette zu empfangen. Ich solle die Kette wie einen Schatz bewahren und immer dann tragen, wenn ich ein Problem hätte, dann würde sich dieses von alleine lösen.

Die mystische Halskette des Medizinmanns

Ich war zu Tränen gerührt, und nach dem Rundgang über den Markt verabschiedete ich mich von Abdou und ging zurück in den Club. Ehrfurchtsvoll verschloss ich die Kette im Safe in meinem „Rondavel".

Die nächsten Tage verbrachte ich mit den Aktivangeboten des Clubs, wie Bogenschießen oder Trommeln, aber meine Gedanken kreisten um Abdou und die Kette.

Zwei Tage vor meiner Abreise machte ich mich erneut auf den Weg ins Dorf, und alle waren da, als hätten sie mich erwartet. Ich wurde gebeten, in ihrer Runde Platz zu nehmen. Diesmal waren auch Abdous

Söhne da, von denen einer im Club arbeitete und Deutsch sprach. Ich begann das Gespräch mit den Worten, dass ich mich von ihnen heute verabschieden möchte, aber noch ein paar Informationen über Abdous Kette bräuchte. Als das Wort Kette fiel, sahen mich alle sehr erstaunt an, einige gestikulierten wild mit den Armen herum, und andere waren gar wütend und aufgebracht. Sie redeten sehr hektisch in ihrer Stammessprache mit Abdou. Sein Enkel teilte mir mit, dass sie nicht verstünden, warum Abdou mir seine Kette gegeben hätte, denn normalerweise gehöre sie nach seinem Ableben dem ältesten Sohn, und vor allen Dingen müsse sie innerhalb der Familie und des Stammes bleiben.

Abdou bestätigte mir im Beisein seiner Familie, dass die Ahnen ihn dazu ermächtigt hätten, mir die Kette zu übergeben. Sein Enkel übersetzte mir, dass Abdou über 17 Jahre gebraucht hätte, um die Kette, bestehend aus 17 in Leder gebundenen Gliederteilen, zu fertigen. Jedes Teil der Kette bestünde aus etwas sehr Wertvollem aus der Natur oder von einem kraftvollen Tier. Ehrfurchtsvoll und dankbar verneigte ich mich zum Abschied vor Abdou und seiner Familie. Abdou war ein sehr stolzer, aufrichtiger und ehrlicher Mann. Er war mittlerweile schon über 70 Jahre alt, was für senegalesische Verhältnisse beachtlich ist, denn die durchschnittliche Lebenserwartung liegt in diesem Land bei 59 Jahren. Abdou nahm mich in seine Arme und sagte in gebrochenem Deutsch: „Du gut aufpassen, meine Kinder nicht gut. Sie wollen nur Geld." Mit den Abschiedsworten „Mach es gut mein Bruder" wendete er sich mit Tränen in den Augen von mir ab und ging, ohne sich noch einmal umzudrehen, in seine Hütte.

Alles kam mir im Nachhinein vor wie in einem Film, in dem mir meine zu spielende Rolle schon festgelegt schien. Ich hatte das Gefühl, das alles schon vorbestimmt war, wusste aber noch nicht, wozu das Erlebnis mit Abdou in meinem weiteren Leben gut sein sollte.

Meine Entdeckung der Energieübertragung

Drei Tage später saß ich wieder an meinem Schreibtisch am Flugplatz und fühlte, dass sich etwas in mir verändert hatte. Ich richtete mir in meiner Wohnung in Langen einen Meditationsplatz ein und folgte Abdous Anweisung, die Kette immer nur dann zu tragen, wenn ich ein Problem zu lösen hätte, Menschen helfen wollte oder Schutz benötigte.

Einige Monate waren vergangen, als ich das Bedürfnis verspürte, an einem Seminar für Heilarbeit in der Eifel teilzunehmen. Es war Herbst, und ich trug zum Schutz vor Fremdenergien unter meinem Pullover die Kette. Wir übten uns in Chakrenarbeit, und die Teilnehmer stellten fest, dass die Energie bei mir enorm hoch war; den Grund dafür nannte ich ihnen zunächst nicht.

Während des Seminars hatte ich nachts eine Vision, verbunden mit klaren Anweisungen, die Kette in meine linke Hand und einen quarzhaltigen Stein in die rechte Hand nehmen. Dann sollte ich die Energie der Kette über meinen Körper auf den Stein übertragen.

Am nächsten Morgen nach dem Wachwerden folgte ich den eindeutigen Anleitungen und nahm die Kette und den Stein mit ins Seminar. Ich erzählte von der Kette und bat die Teilnehmer, die Energie der Kette zu ermitteln und auf einen Zettel zu schreiben. Die Kette hatte die enorme Energie von über 240.000 Boviseinheiten* (BE), wobei es bei den Messergebnissen insgesamt nur geringe Abweichungen gab. Danach maßen die Seminarteilnehmer die Energie des Steines und zum allgemeinen Erstaunen hatte auch dieser, von geringen Abweichungen abgesehen, über 240.000 BE. Mein System der Energieübertragung war geboren!

Der Physiker A. Bovis entwickelte das Biometer. Die Boviseinheit diente ursprünglich dazu, die „Biologische Qualität" von Lebensmitteln, Stoffen und Plätzen zu bestimmen. Eine Tabelle dient hierbei als Hilfsmittel, wobei man mittels einer Antenne oder eines Pendels die Qualität einer Sache und deren Lebenskraft ermitteln kann. Bei 6.500 BE liegt der neutrale Punkt. Werte darunter werden für den menschlichen Organismus als energiezehrend, Werte darüber als energieaufbauend bewertet.

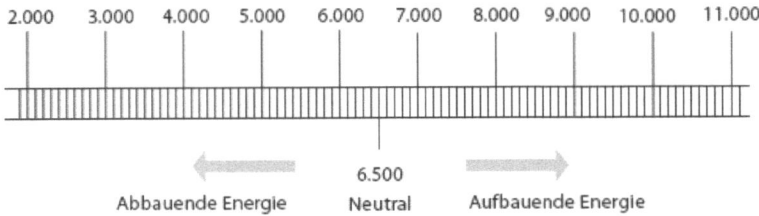

Mess-Skala der Biologischen Qualität nach André Bovis

Als Baubiologischer Berater neue Wege gehen

Von Tag zu Tag wurde mir bewusster, dass es nicht mehr meine Lebensaufgabe war, weiterhin als kaufmännischer Leiter tätig zu sein. Oft schaute ich in meinem Büro nachdenklich und etwas traurig aus dem Fenster und dachte an meine Begegnung mit Abdou. Doch ich wollte mein Projekt am Flugplatz erst zu Ende bringen. Es sollte noch ungefähr ein Jahr dauern, bis auch dieser Lebensabschnitt für mich beendet war und ich meine Kündigung einreichte. Nun konnte etwas Neues anfangen. Ich wollte jetzt konsequent meiner wahren Bestimmung folgen und wieder Menschen helfen.

Meine Freunde und Bekannten konnten meinen Entschluss nicht verstehen und fanden meine Veränderung sehr befremdlich. Sie konnten überhaupt nicht nachvollziehen, warum ich eine so gute Position kündigen wollte. Ich jedoch kündigte mit einem guten Gefühl, denn intuitiv merkte ich, dass es richtig war, einen anderen Weg zu gehen.

Wenige Monate später besuchte ich die ersten Lehrgänge zum baubiologischen Gesundheitsberater und gründete die Firma *Baubiologie Wenner*. Schon rasch kamen die ersten Kunden und auch meine heilende Arbeit wurde immer mehr in Anspruch genommen. Mein alter Freundeskreis lichtete sich immer mehr, aber gleichzeitig kamen neue, gleichgesinnte Menschen in mein Leben.

Die baubiologischen Untersuchungen machten mir richtig Spaß, zumal ich meinen Kunden mit einfachen Lösungen schnell helfen konnte. Viele litten unter chronischen Schmerzen oder Schlafstörungen, die sich nach der Umsetzung meiner Maßnahmen schnell besserten. Es geht bei der Untersuchung in erster Linie darum, die gesundheitsbelastenden Einflüsse aus dem Umfeld zu erkennen, eventuell unausgewogene Energiefelder auszugleichen und vorhandene Energiepotentiale zu aktivieren.

Diese Optimierung ist gerade bei Menschen wichtig, deren Gesundheitszustand schon stark beeinträchtigt ist. Hierzu habe ich im Laufe der Jahre meine eigene Untersuchungsmethode entwickelt, die aus vier Einzelteilen besteht und bei der sich letztendlich jedes Teil wie bei einem Puzzle zu einem Ganzen zusammenfügt.

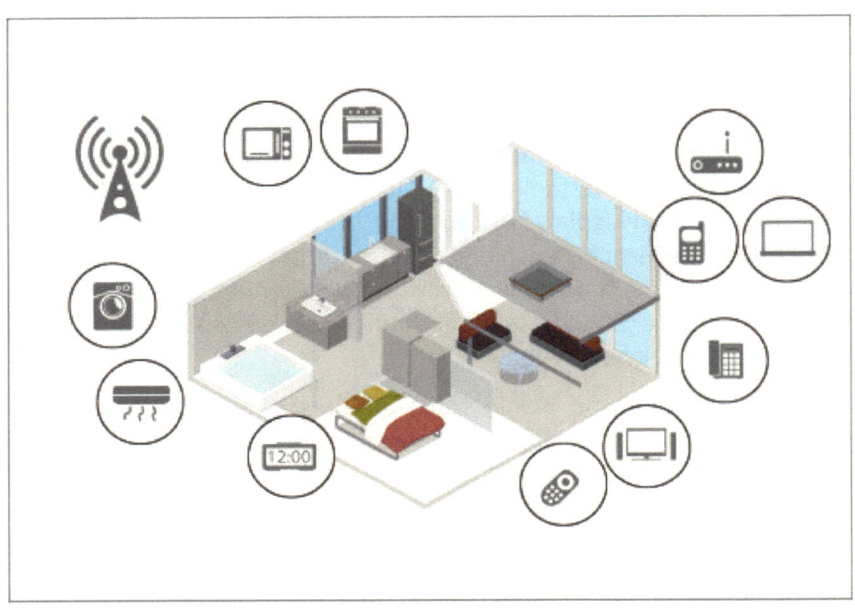

Mögliche Quellen für Elektrosmog in Wohngebäuden

Das Gesamtbild zeigt mir dann die Problemfelder auf, zu denen ich die entsprechende individuelle Lösung anbieten kann. Ich gab meiner Methode den Namen „Die Vier-Komponenten-Untersuchung", die aus folgenden Teilen besteht:

1. Elektrosmogbelastung
Ohne dass wir es merken, sind wir ständig elektrischen und magnetischen Feldern sowie elektromagnetischen Wellen ausgesetzt. Ich prüfe mit meinen technischen Geräten die Elektrosmogbelastungen des Schlaf- oder Arbeitsplatzes nach baubiologischen Richtlinien auf Hoch- und Niederfrequenz.

2. Geopathische Belastung (Erdstrahlen)

Erdstrahlen wie Wasseradern, Verwerfungen und Globalgitternetze können die Ursache von gesundheitlichen Problemen sein. Ein harmonisierter Schlaf- und Arbeitsplatz ist die Basis für Vitalität und Wohlbefinden.

3. Schadstoffe

Schadstoffe in Baumaterialien und Einrichtungsgegenständen können Auslöser von zahlreichen Krankheiten sein.

4. Negative Einflüsse

Gegenstände, Erinnerungsstücke und Botschaften könne unser Energiesystem bewusst oder unbewusst negativ beeinträchtigen.

Mit der Vier-Komponenten-Untersuchung bin ich bis zum heutigen Tag sehr erfolgreich und durfte sie bereits in mehr als 2000 Wohn- und Büroräumen sowie öffentlichen Gebäuden anwenden.

Harmonisierung von Erdstrahlen durch den Steinkreis

Im Laufe der Jahre entwickelte ich auch ein System zur Harmonisierung von Erdstrahlen. Da nicht jeder in seinem Wohnraum die Möglichkeit hat, den Erdstrahlen ausweichen zu können, fand ich eine Methode, die Schlaf- und Arbeitsplätze zu harmonisieren, ohne dass die Möbel verschoben werden müssen. Ich greife dabei auf eine uralte Technik zurück, die bereits in der Neolith- und Megalithkultur ihre Anwendung fand. Die damaligen Priester, Druiden genannt, bewahrten die Kenntnis um die Kraft der Steinkreise wie einen heiligen Gral. Ich besuchte sehr viele dieser Steinkreise und arbeitete mich sukzessive in die Weisheiten der alten Druiden ein. Ich erkannte das System, nach denen die Steine gesetzt wurden. Ich setzte mich in die Mitte der Kreise und erspürte deren magischen Energien. Ich fühlte mich dabei in diese Zeit zurückversetzt und bekam die Bilder und Informationen, die ich brauchte, um einen Steinkreis im Kleinen nachbilden zu können. Ich stellte mir in den letzten Jahren ganz häufig die Frage, ob ich denn vielleicht in einem früheren Leben als Druide tätig war, denn die Informationen, die ich empfing, wirkten auf mich eher, als würde ich mein altes Wissen wieder aktivieren.

Ich erkannte, dass die Steine meist sehr quarzhaltig waren und sie deshalb die Informationen, die ihnen aufgeprägt wurden, sehr gut und bis zum heutigen Tage speichern konnten. Silizium beispielsweise ist ein Hauptbestandteil in unseren modernen Speichermedien. Die quarzhaltigen Findlinge der Steinkreise waren meist aus Granit. Ich fand heraus, dass der Plus- und Minuspol zweier Steine immer exakt aufeinander ausgerichtet ist. Vergleichbar zweier Stabmagnete, bei denen Plus- und Minuspol aufeinander zu geführt werden. Bei geringer werdendem Abstand spürt man irgendwann ihre Anziehungskraft, und es bildet sich ein Energiefeld. Wenn jedoch beide Plus- oder beide Minuspole aufeinander zu geführt werden, so stoßen sich beide ab. Dies bedeutet also, dass die Steine alle optimal aufeinander ausgerichtet und die Abstände zueinander so stimmig sein müssen, dass alle Steine harmonisch miteinander ein hoch energetisch schwingendes Feld ergeben. Es ist vergleichbar mit einem Orchester, in dem alle Instrumente im Einklang miteinander eine Symphonie ergeben. Diese Technik wende ich heute zur Harmonisierung von Wohn- und Büroräumen, Hotels, Schulen, Kindergärten und Kliniken an.

Da ich weiß, dass ich alle meine Informationen, aus einem sehr großen Bewusstseinsfeld empfange, ist mir auch klar, dass es eigentlich keine Geheimnisse gibt. Menschen, die in der Lage sind, sich in dieses Bewusstseinsfeld einzuklinken, können jegliche Informationen erhalten, die sie benötigen, um beispielsweise altes verlorenes Wissen wiederzuerlangen oder neue Entwicklungen voranzutreiben. Ich mache keinen Hehl daraus und gebe meine gewonnenen Erkenntnisse gerne an meine Lehrgangsteilnehmer weiter.

Meine Form der baubiologischen Untersuchungen bildet ein wesentliches Element in der Betrachtung des alles umfassenden komplexen menschlichen Gesamtbildes. Bevor ich mit der Energiearbeit bei einem schwerkranken Menschen beginne, müssen die Störfaktoren in seinem Umfeld beseitigt sein. Vorher macht es keinen Sinn, weil die aufgebaute Energie sonst innerhalb kürzester Zeit wie eine Seifenblase zerplatzt.

Um die negativen Einflüsse erspüren zu können, klinke ich mich in die Energiefelder der betroffenen Personen ein und bekomme dann meist weiterführende Informationen.

Die Botschaft des alten Steintopfes

Während einer Wohnraumuntersuchung schaue ich, sofern die Bewohner dafür offen sind, auch gerne nach den negativen Faktoren, die sie meist unbewusst beeinflussen. Mental stelle ich mir dann immer die Frage: Was tut dieser Person in seinem Umfeld nicht gut? Zum Aufspüren von negativen Einflüssen benutze ich dann meine spezielle Antenne.

Während einer baubiologischen Untersuchung schlug die Antenne über einem sehr alten Steintopf aus, der in der Ecke des Wohnzimmers stand. Ich fragte die Eigentümerin, ob sie diesen Topf geerbt hätte und sich vielleicht Missgunst von anderen Familienangehörigen in dem Erinnerungsstück als Botschaft verbarg. Sie erzählte mir, dass sie den Topf von ihrer Großmutter bekommen hätte, sie aber keinerlei Neid, Eifersucht oder Ärgernis von Angehörigen erkennen könne. Ich bat sie, weiter darüber nachzudenken, während ich meiner Arbeit nachging. Wenige Minuten später erzählte sie mir, dass sie freitags, wenn ihre Putzfrau im Haus wäre immer Angst hätte, dass diese den Topf beschädigen könnte. Nach dieser Aussage wusste ich sofort, dass die Angst, etwas Wertvolles zu verlieren, ihr die Energie raubte.

Nun stellte ich mir mental die Frage, wo denn dieser Topf seinen sicheren Platz haben sollte. Meine Antenne schlug im Nebenzimmer vor einem sehr alten Wohnzimmerschrank aus. Der Steintopf sollte seinen Platz ganz oben auf diesem Schrank haben. Die Eigentümerin sah mich verwundert an und konnte ihre Tränen nicht mehr zurückhalten. Sie erzählte mir, dass sie diesen Schrank auch von ihrer Großmutter geerbt hätte und dass sie sich aus ihrer Kinderzeit noch gut daran erinnern konnte, dass genau an dieser Stelle, auf die ich zeigte, dieser Steinkrug stand.

Auf der Suche nach einem goldenen Gegenstand

Nachdem ich mit der baubiologischen Untersuchung eines Wohnraumes fertig war und mit der Eigentümerin schon die weiteren Maßnahmen besprochen hatte, kam ihr Ehemann von der Arbeit nach Hause. Als IT-Spezialist war er meiner Arbeit gegenüber sehr skeptisch und nannte mich einen Scharlatan, mit der Begründung, dass alles was ich hier machen würde, wissenschaftlich nicht belegt wäre.

Ich blieb ruhig, atmete einmal tief durch, nahm meine Antenne in die Hand und fragte ihn, ob es hier in der Wohnung irgendwo einen Gegenstand gäbe, der aus Gold bestünde. Nachdem er dies bejahte, stimmte ich mich mental auf einen „goldenen Gegenstand" ein. Dazu musste ich gar nicht weit gehen, denn meine Antenne schlug schon an dem vor ihm befindlichen Sideboard im Wohnzimmer aus. Als ich ihn bat, dieses zu öffnen, schwor er mir hoch und heilig, dass in diesem Schrank nichts Goldenes enthalten sein könnte. Ich bat ihn trotz allem die Türen zu öffnen. Meine Antenne schlug im unteren Teil des Schubfaches aus, in dem sich angeblich das von seiner Großmutter geerbte silberne Tafelbesteck befand. Ich bat ihn, auch diesen Kasten zu öffnen. Zu seinem Erstaunen befand sich genau in der Mitte des Faches ein kleiner goldener Löffel. Er entschuldigte sich daraufhin mehrmals für sein Verhalten und bedankte sich bei mir für diese Überzeugungsarbeit. Ich fragte ihn spaßeshalber, ob ich mit meiner Antenne weiter durch alle Wohnräume gehen dürfte, um nach weiteren goldenen Gegenständen zu suchen. Alle die, die ich fände, sollten danach mir gehören. Lachend hielt er mich davon zurück.

Diese Geschichte beschreibt, dass es möglich ist, sich gezielt in Energiefelder einzuklinken, um die entsprechenden Informationen zu erhalten.

Wie man Informationen aus dem Bewusstseinsfeld erhält

Nach einem Vortrag in Stuttgart kam eine ältere Dame auf mich zu und fragte mich, ob ich einmal nach ihr schauen könne, es ginge ihr nicht gut. Ich bat sie, sich zu setzen und stellte fest, dass sie energetisch „down" war. Ich ging in Resonanz mit ihrer Schwingung (Informations- oder Mentalfeld) und bekam die Information „Spargel".

Daraufhin fragte ich sie, ob sie in den letzten Stunden Spargel gegessen hätte. Sie hatte in der Tat abends zuvor Spargel gegessen, der eine Reaktion in ihr auslöste, die sich mit Hautrötung im Gesicht, starken Kreislaufschwankungen und Energieverlust bemerkbar machte. Letztendlich fiel es ihr wie Schuppen von den Augen, als sie sich an das zurückliegende Jahr erinnerte, als sie um die gleiche Zeit mit der gleichen Reaktion sogar ins Krankenhaus eingeliefert wurde und kein Arzt feststellen konnte, was die Ursache war.

Nun zur Kernfrage dieser Geschichte: Wie erhalte ich die Informationen aus dem Mentalfeld?

In meinen Seminaren lernen die Teilnehmer durch eine Vielzahl von Übungen, relativ schnell in Resonanz mit ihrem Umfeld bzw. einer Person zu gehen, um die notwendigen Informationen zu erhalten.

Ich habe übrigens einen einfacheren Ausdruck für „mit etwas in Resonanz gehen" gewählt; ich nenne es schlicht und einfach „ONLINE GEHEN". „Online gehen" versteht mittlerweile fast jeder, der einen Computer hat und sich Informationen aus dem Internet holen möchte. Dazu muss ich „online gehen", um mir dann über einen „Browser" die gewünschten Informationen holen zu können. „to browse" heißt übersetzt schmökern, umsehen oder auch abgrasen.

Ähnlich funktioniert auch das „Online gehen" mit unserem Umfeld bzw. der Person, mit der wir in Resonanz gehen möchten. Eine Grundvoraussetzung ist, dass eine Verbindung besteht. Diese kann nur zustandekommen, wenn beide, „Sender und Empfänger", bereit sind und auf der gleichen Frequenz arbeiten. Das heißt, es nützt in der Regel nichts, wenn jemand im Radiogerät beispielsweise HR hören möchte, aber die Frequenz auf SWR eingestellt, der HR-Sender gerade ausgeschaltet oder eine Störung hat.

„Online gehen" bedeutet auch, sich mit der Energie der Urquelle oder mit der alles umfassenden göttlichen Energie zu verbinden, mit ihr zu verschmelzen, mit ihr eins zu sein. Die göttliche Energie bzw. der göttliche Funke ist in allem, was existiert, und alles hat eine Schwingung und somit eine Frequenz. Das ist das einzige Geheimnis und hiermit wird klar, dass sich jeder mit allem, was existiert, verbinden kann, sofern er keinerlei Zweifel daran hat, dass es für ihn möglich ist.

Streitgespräche mit Folgen

Vor einiger Zeit rief mich die Mutter eines achtjährigen Mädchens an und erzählte mir, dass ihre Tochter seit drei Wochen nachts aufwacht und angsterfüllt, zitternd und weinend zu ihr ins Bett kommt. Sie konnte sich nicht erklären, warum das so ist, und bat mich um Rat. Ich klinkte mich in das Mentalfeld der Eltern ein und visualisierte folgendes Bild, was ich der Mutter wie folgt beschrieb: Stellen Sie sich vor, Sie sitzen abends mit ihrem Mann und der Tochter beim Abendbrot, und es kommt zu einer Diskussion, die in einem Streitgespräch endet. Da diese Situation schon des Öfteren eintrat, ziehen Sie letztendlich die Konsequenz daraus und schreien mit lauten Worten: „ Wenn das noch einmal vorkommt, dann packe ich meine Koffer und gehe".

Am Ende der anderen Leitung herrschte Schweigen. Erst als ich fragte, ob sie noch da sei, bekam ich zur Antwort: „Woher wissen Sie das alles? Genauso wie Sie es schildern, hat es sich zugetragen."

Ich bat nun die Mutter, sich für einen Augenblick in die Lage ihrer Tochter zu versetzen, und beschrieb ihr, was diese in jenem Moment empfunden oder gedacht haben könnte: „Meine Eltern haben Streit, und das ist nicht schön. Meine Mutter will mich verlassen. Ich werde von meiner Mutter nicht mehr geliebt. Ich muss jetzt aufpassen, dass sie mich nicht verlässt und alleine zurücklässt." Die Reaktion der Tochter war der Mutter bereits bekannt. Früher wurde die Tochter mit Sicherheit auch das eine oder andere Mal nachts wach, hat sich aber zur Seite gedreht und weitergeschlafen. Seit den gehäuften Streitsituationen hatte die Tochter nun panische Angst, nicht mehr geliebt und verlassen zu werden.

Die Lösung für dieses Problem lag auf der Hand: Die Eltern sollten liebevoll mit der Tochter umgehen und vor allen Dingen mit ihr reden, um das Vertrauen ihrer Tochter wiederzugewinnen. Das Gute an der ganzen Geschichte war, dass die Tochter ihre Ängste auslebte und sie nicht verdrängte.

Es könnte auch so ausgehen: Die Tochter verdrängt ihre Ängste. In ihrem späteren Leben lernt sie einen Mann kennen und alles verläuft zunächst harmonisch. Plötzlich muss ihr Ehemann aus beruflichen

Gründen öfters auf Dienstreise. Auf einmal kommt dieses alte verdrängte Muster „ich werde nicht mehr geliebt, ich muss aufpassen, dass mein Mann mich nicht verlässt" durch Panikattacken zum Vorschein und niemand kann sich zunächst erklären, weshalb diese bislang unbekannten Reaktionen plötzlich auftreten, bis vielleicht ein guter Psychologe die Ursachen erkennt.

Quintessenz: Kinder sind sehr feinfühlig und haben ein gutes Gespür für Schwingungen im Raum und die Familienatmosphäre. Meistens nehmen sie sogar auch ohne Worte wahr, worum es geht, ziehen aber daraus ihre kindgemäßen Schlüsse.

Ich habe der Mutter zur Unterstützung für ihre Tochter den Basic-Trust-Chip gegeben. Mit diesem Chip habe ich in den letzten Jahren sehr gute Erfolge bei meinen Klienten verzeichnen können. Er findet mittlerweile auch in einer psychosomatischen Klinik seine Anwendung. Dieser Chip vermittelt dem Anwender das Gefühl, erwünscht, von Herzen willkommen und angenommen zu sein. Dadurch entsteht Urvertrauen.

Mentale Ausgeglichenheit durch den Basic-Trust-Chip

„Bevor mir der Basic Trust Chip von meiner behandelnden Ärztin ans Herz gelegt wurde, ging es mir psychisch sehr schlecht. So schlecht, dass ich mich stationär in eine psychosomatische Rehabilitationsklinik begab. Meine Stimmung war gedrückt, meine Gedanken rasten, ich hatte große Probleme, mich selbst zu entschleunigen und generell gelassen zu bleiben. Ich war sehr misstrauisch gegenüber Menschen und machte mir selbst viel Stress. Demnach war es konstant schwer und anstrengend für mich, den Alltag zu bewältigen.

Nach einigen Wochen Therapieaufenthalt bekam ich von meiner Ärztin den Basic Trust Chip zur Unterstützung meiner Entwicklung. Der Chip sei symbolisch gleichzusetzen mit einer CD, und ich sei der CD-Player. Zur Anwendung solle ich mir ein ruhiges Plätzchen suchen, den Chip in meine Hand nehmen und an etwas denken, was mir das Gefühl von „sich fallen lassen dürfen" erinnert. Das tat ich direkt nach der Übergabe des Chips, und als ich mir dieses Gefühl vorstellte, dachte ich an einen Mitpatienten. Dieser gab mir das Gefühl von Ruhe und Ausgeglichenheit. Jemand, der an mich und meine Kraft glaubt.

Seither trage ich diesen Basic Trust Chip in meinem BH auf der linken Seite über meinem Herzen. Allein der Gedanke, dass dieser Chip gespeichert mit meiner und seiner positiven, starken und gelassenen Energie ist, gibt mir Halt und Ruhe. Zu wissen, dieser Chip und diese Kraft sind stets an meiner Seite, verleiht noch mehr Kraft. Kraft, die in mir steckt und der Chip erweckt. Ich kann dieses Produkt nur weiterempfehlen."

Liebe Grüße und besten Dank, S. G.

Die Energieübertragung

Immer öfter bekam ich des Nachts Visionen. Ich sollte Gegenstände energetisch aufladen. Deshalb stellte ich unter anderem speziell aufbereitete Granitplatten als Schreibtischunterlagen her. Diese sollten Menschen, die viel am Computer arbeiten, helfen, ihre Energie zu erhalten und über längere Zeiträume konzentrierter arbeiten zu können.

Eine dieser Granitplatten lag auf dem Schreibtisch von Ute, meiner damaligen Lebensgefährtin. Eines Tages meldete sich ein Kunde bei mir mit dem Wunsch nach einer baubiologischen Gesundheitsberatung. Seine Therapeutin hatte eine Elektrosmogbelastung bei ihm festgestellt, und ich sollte nun überprüfen, woher diese käme.

Ich hatte kurze Zeit vorher ein spezielles Gerät erworben, mit dem ich die Elektrosmogbelastungen an Personen messen konnte. Ich wollte dieses Gerät und seine Funktionen kennenlernen und stellte die Frequenz für Elektrosmogbelastung ein. Ute saß gerade an ihrem Schreibtisch und arbeitete an ihrem auf der Granitplatte stehenden Laptop. Ich nahm sie als Testperson und stellte fest, dass das Gerät zu meinem Erstaunen keine Belastung anzeigte. Deshalb bat ich sie, meinen Laptop zu benutzen, der nicht auf einer Platte stand. Nun zeigte das Gerät eindeutig eine Elektrosmogbelastung an. Ute setzte sich wieder an ihren eigenen Laptop – keine Belastung! Erst als wir die Platte unter dem Laptop wegnahmen, war plötzlich eine Elektrosmogbelastung vorhanden.

Die Gedanken in meinem Kopf überschlugen sich regelrecht, und ich fing an zu kombinieren.

Ich kam zu der Schlussfolgerung, dass die Schwingungen dieser energetisch aufgeladenen Platte die Elektrosmogbelastung entweder reduzierten oder den menschlichen Organismus so positiv beeinflussten, dass er stabil blieb und somit keine Elektrosmogbelastung messbar war.

Als ich kurz darauf mit meinem Handy telefonierte, wurde mir bewusst, dass ein Mobiltelefon eine weitere Elektrosmogquelle darstellte. Nun ist eine solche Granitplatte ziemlich unhandlich und ich überlegte, wie ein Informationsträger aussehen müsste, den man auf den Akku des Handys oder auf das Gehäuse aufbringen könnte. Zwei Tage später hatte mir ein Freund aus der Luftfahrttechnik eine Platine gefertigt, auf die ich die gleichen Frequenzen wie auf der Granitplatte übertrug. Die ersten Tests ergaben, dass die Platine funktionierte und den gleichen Effekt wie die Granitplatte aufwies.

Ich bat einen befreundeten Arzt, mein Produkt zu testen. Er war sehr skeptisch und erzählte mir, dass er schon mehrere dieser „Aufkleber" als relativ unwirksam getestet hätte. Er kam zu mir nach Hause und machte mit der Platine erste Tests. Er kam zu dem Ergebnis, dass die Platine funktionierte, aber – skeptisch wie er war –wollte er sie erst noch einer längeren Prüfung unterziehen. Er war nicht überzeugt, dass sie aufgrund seiner bisherigen Erfahrungen über einen längeren Zeitraum die Energie und Wirksamkeit halten könnte.

Er nahm den Prototypen in seine Arztpraxis mit. Nach etwa zwei Monaten meldete er sich wieder und teilte mir mit, dass er von diesem Produkt sehr begeistert wäre. Er fragte mich, ob ich mehrere davon fertigen könnte, denn er werde in zwei Wochen zu einer Tagung fahren, auf der er die Möglichkeit habe, das Produkt vorzustellen und von anderen Ärzten und Therapeuten testen zu lassen.

Ich nahm die Gelegenheit wahr, fertigte für ihn zehn weitere Platinen und schickte sie ihm zu. Danach hörte ich eine ganze Weile nichts mehr von ihm.

Die ausschlaggebende Mail aus den USA

Drei Monate später bekam ich eine Mail aus den USA von einem Tagungsdozenten namens Dr. Charles Krebs. Er gab mir eine Bescheinigung, dass er im Rahmen eines Doppelblindtests mit einer Vielzahl von Probanden mehrere gleichartige Produkte überprüft hatte, wobei meine Platine das beste Ergebnis erzielte.

In der Zwischenzeit hatte ich das Produkt optimiert und gab ihm den Namen „Galileo Chip".

Dr. Krebs wollte mich kennenlernen, wenn er das nächste Mal wieder in Deutschland wäre. Ein halbes Jahr später traf ich ihn in Essen. Er war begeistert von meinem verbesserten Produkt und auch von meiner Arbeit als Baubiologe, und so bat er mich, einen Vortrag vor seinen Seminarteilnehmern zu halten.

Für weitere Tests gab ich Dr. Krebs mehrere Chips mit. Einer davon befindet sich immer noch in seinem Mobiltelefon und hat bis heute, nach mehr als zehn Jahren, seine Wirksamkeit behalten.

Begegnung mit Prof. Fritz Albert Popp

Durch die Erfindung der Chips lernte ich im Laufe der Zeit viele Menschen kennen. Ich beschäftigte mich mit der Existenz von Biophotonen und stieß dabei immer wieder auf den Namen Professor Dr. Fritz Albert Popp. Mein Wunsch war, diesen Menschen einmal persönlich kennenzulernen.

Eines Abends rief mich ein Heiler namens Renzo Celani an, der mehr über meine Chips wissen wollte. Ich musste ihn bei diesem Erstgespräch zunächst einmal vertrösten, da ich mich zu diesem Zeitpunkt gerade in Griechenland befand. So bat ich ihn, mich eine Woche später anzurufen. Ich war etwas erstaunt, als er mich gleich am ersten Tag meiner Rückkehr spätabends anrief, um mich zu fragen, ob ich Lust hätte, ihn in Neuss bei Professor Popp zu treffen, er wäre zurzeit regelmäßig dort, um Austestungen zu machen. Zwei Tage später trafen wir uns in der alten Raketenstation, wo Professor Popp die Räume nutzen durfte. Er sah mich an und mochte mich auf Anhieb. Er und sein Sohn Alexander führten mich durch die Räume und boten mir anschließend an, die „Handychips" und meine Energiekarten mit einem neuen Regulationstherapiegerät auszutesten.

Auch mit dieser Methode konnten wir feststellen, dass der „akury eProtect" − wie dieser Chip inzwischen heißt − in der Lage war, den Körper nicht nur stabil zu halten, sondern sogar Blockaden lösen und das Energieniveau erhöhen konnte. Diese Erkenntnis bedeutete, dass es noch viel mehr Einsatzmöglichkeiten für den „akury eProtect" geben könnte.

Weitere Untersuchungen mit Wärmebildkameras und Dunkelfeldmikroskopie folgten und alle kamen zur gleichen Schlussfolgerung: „Der „akury eProtect" hat eine enorme Wirkkraft und ist in der Lage, das Immunsystem so zu stärken, dass der menschliche Organismus, selbst bei der Einwirkung von sehr starken elektromagnetischen Feldern, stabil bleibt."

Schnelle Besserung mit dem Basic-Trust-Chip

„Zu mir kam ein sechsjähriges Mädchen mit ihrer Pflegemutter. Das Mädchen hatte in ihren ersten drei Lebensjahre nicht viel Schönes erleben dürfen: Drogen, Gewalt, Missbrauch, Hunger ... Der Muskeltest zeigte gleich den Bedarf am „Basic-Trust-Chip" an. Nach der Behandlung fragte ich, ob sie ihn weiter verwenden sollte und wie lange.

Es zeigte an „für immer". Deshalb habe ich ihn der Mutter gleich mitgegeben und sagte ihr, sie soll ihn in den Kopfkissenbezug geben. Nach zwei Wochen schrieb mir die Mutter, dass das Mädchen seither wieder in ihrem eigenen Bett schläft. Wenn sie dann morgens kommt, hat sie ihr Kissen unterm Arm."

K. M. Therapeutin aus Österreich

Der Durchbruch

Trotz dieses positiven Ergebnisses war ich natürlich daran interessiert, die Wirkkraft mit anderen Testmethoden überprüfen zu lassen. Über Dr. Charles Krebs bekam ich den Kontakt zur Universität Mainz, die sich bereiterklärte, eine Studie mit einem von der Schulmedizin anerkannten Messgerät, dem EEG, zu erstellen.

Auszug aus Wikipedia: „Die Elektroenzephalografie (EEG) ist eine Methode der medizinischen Diagnostik und der neurologischen Forschung zur Messung der summierten elektrischen Aktivität des Gehirns durch Aufzeichnung der Spannungsschwankungen an der Kopfoberfläche. Das EEG ist die grafische Darstellung dieser Schwankungen. Das EEG ist neben der Elektroneurografie (ENG) und der Elektromyografie (EMG) eine standardmäßige Untersuchungsmethode in der Neurologie."

Schon beim Festlegen der Kriterien für die Studie, die auf eine Dauer von sechs Monate angelegt war, wurde mir klar, dass die gewählte Vorgehensweise zwar sehr aufwändig, aber die richtige Methode sein würde, um den Wirkungsgrad des Chips zu definieren. Um das Testverfahren endgültig festzulegen, machten wir einige Versuche mit mehreren Probanden. Dabei fanden wir heraus, dass bei allen Testpersonen nach ungefähr 90 Sekunden eines Telefonats mit einem Smartphone vermehrt Gammawellen auf dem Monitor sichtbar wurden. Dieser Zustand hielt dann über mehr als eine Stunde an, bis das Gehirn wieder in den Normalzustand (Beta-, Alphawellenbereich) kam. Was hatte das zu bedeuten? Wenn das Gehirn im Gammawellenbereich (Bereich zwischen 40 und 100 Hertz) arbeitet, bedeutet dies, dass das Gehirn im höchstmöglichen Leistungsbereich arbeitet und während dieser Phase enorm viel Energie bereitstellen muss. Mit dem „akury eProtect" im Handy blieb das Gehirn im Betawellenbereich, obwohl neben dem Telefonieren von den Probanden noch komplexe Aufgaben gelöst werden mussten.

Die Schlussfolgerung daraus ist, dass die Testpersonen mit dem „akury eProtect" im Smartphone komplexe Aufgaben mit weniger Energieaufwand leichter lösen können, dabei wesentlich konzentrierter sind und somit weniger Fehler machen als ohne den „akury eProtect" am Smartphone. Nachdem mehr als 30 Probanden jeweils zwei Mal dieses standardisierte Testverfahren durchlaufen hatten, konnten wir genau die oben erwähnte Schlussfolgerung ziehen.

Für die Wissenschaftler waren diese Ergebnisse so verblüffend, dass sie einhellig der Meinung waren, jeder, der ständig ein Smartphone bei sich trage, solle es im eigenen Interesse unbedingt mit dem „akury eProtect" ausstatten.

Energetische Trägermaterialien, ähnlich der von mir entwickelten, werden auf dem Markt auch von anderen Herstellern angeboten. Für den „akury eProtect" liegt jedoch als erstem und bisher einzigem Produkt ein wissenschaftlich begründeter, nachprüfbarer Beweis über die Wirkung vor.

Der Erfolg der Studie gab den Anstoß zu weiteren Änderungen in der 2007 gegründeten AkuRy GmbH. Im Jahr 2017 wurde in Zusammenarbeit mit einer namhaften Projekt-Design-Firma das Gesamtkonzept verbessert, ein Branding erarbeitet sowie eine neue Webseite und ein neues Logo gestaltet. Schon vorher war der „Galileo-Chip" in „akury Phone-Chip" umbenannt und mit der Erfindung der Smartphones zu dem stärker wirkenden „akury Duett" (dem heutigen „akury eProtect") weiterentwickelt worden.

Die einzelnen Bereiche ergeben nun ein schlüssiges Gesamtkonzept: Wie in der IT stellen die Baubiologie und die Energiearbeit die „Software" dar, die „akury Informations-Chips" die „Hardware". Das Angebot wird ergänzt und abgerundet durch Seminare im Sinne einer „selfcare-medicine", die der Bewusstseinserweiterung mit dem Ziel dienen, die eigene Energie, Kraft und das Befinden selbst managen zu können.

Die Gründung des akury-Institutes

Dieses einmalige und schlüssige Gesamtkonzept findet bislang weltweit keine Nachahmung. Dies zu erkennen war für mich sehr wegweisend, denn dieses wertvolle Wissen darf nicht verloren gehen, es sollte weiterverbreitet werden.

Deshalb gründete ich das akury-Institut, um Menschen in einem ganzheitlichen Sinne, d. h. unter Berücksichtigung aller Aspekte (körperlich, geistig, emotional, soziales Umfeld und Lebensweise) zu schulen, präventiv aufzuklären, zu behandeln und soziale Hilfestellung zu geben.

Das Leitbild des akury-Instituts ist die Achtung und Wertschätzung eines jeden Menschen, genau so wie er ist, ein fürsorglicher und offener Umgang miteinander und die Erkenntnis und Erfahrung, dass Heilung auch wesentlich abhängig ist von einer vertrauensvollen Beziehung zwischen dem Hilfesuchenden und dem Gesundheitsbegleiter, die natürlich männlich oder weiblich sein können.

Das Ziel der Begleitung ist die bestmögliche Heilung des Hilfesuchenden aus ganzheitlicher Sicht, wobei die Stärkung der Eigenkompetenz im Sinne einer „selfcare-medicine" ein wesentlicher Bestandteil ist.

Unter dem Motto „*Hilfe zur Selbsthilfe*" sieht sich das akury-Institut als Unterstützer und Wegbegleiter. Die Menschen bekommen die nötige Hilfestellung mit dem Ziel, immer mehr in die Lage versetzt zu werden, selbst die Verantwortung für ihre Gesundheit zu übernehmen. Das akury – Institut besteht aus drei Bereichen: der Baubiologie, den Seminaren und der Energiearbeit.

Online gehen – was bedeutet das?

Im Allgäu fand ich in der Nähe von Kißlegg ein Seminarhaus, in dem ich meine akury-Seminare geben konnte. Die Teilnehmer waren alle so zufrieden, dass sie sich sofort für das akury II-Seminar anmeldeten. Für mich ist es sehr wichtig, dass jeder Teilnehmer am Ende des Seminars mit dem Gefühl nach Hause geht, etwas Wertvolles und sofort im Alltag Umsetzbares mitgenommen zu haben. Durch viele praktische Übungen, die auch draußen in der freien Natur stattfinden, wird den Teilnehmern immer mehr bewusst, dass ihr eigener Körper das feinfühligste Instrument ist, welches gezielt eingesetzt werden kann, um schnell zu erfühlen und zu erkennen, was ihm gut oder nicht guttut. Zu guter Letzt ist am Ende des Seminars jeder in der Lage, sich mit der göttlichen Energie zu verbinden, um seine Energie, Kraft und Befinden selbst zu steuern. Ich habe hierfür den Begriff des „Onlinegehens" gewählt.

Bei den Überlegungen, wie ich nachweisen könnte, dass jemand wirklich auch „online" ist, fand ich eine sehr einfache und für jeden nachvollziehbare Methode.

Jeder der Teilnehmer bekommt ein Glas mit Wasser, das er in der rechten Hand hält. Sowohl die Energie des Wassers als auch die Energie des Teilnehmers werden von mir gemessen. Danach gehen die Teilnehmer nach dem von mir entwickelten Ritual „Online" und sollen nun die göttliche Energie über ihre linke Hand, durch ihren Körper, in das Wasser im Glas fließen lassen.

Hatte ein Teilnehmer beispielsweise vor dem Onlinegehen eine Energie von 8000 Bovis-Einheiten und das Glas mit dem Wasser 5000 Bovis-Einheiten, dann sollte nach der Energieübertragung der Teilnehmer und auch das Wasser eine wesentlich höhere Energie aufweisen. In der Regel hatten die Teilnehmer und das Wasser nach dem „Onlinegehen" eine Energie zwischen 20.000 und 25.000 Bovis-Einheiten. Hatte das Glas mit dem Wasser jedoch nur die zuvor ermittelte Energie des Teilnehmers, so hatte er lediglich seine eigene Energie auf das Wasser übertragen und war nicht „Online". Die Teilnehmer sind während der Phase des „Onlinegehens" meistens so berührt, dass es ihnen schwerfällt, diesen Energiefluss wieder zu unterbrechen. Viele berichteten mir, dass sie im Strom der göttlichen Energie so viel Liebe und Glückseligkeit wahrnehmen, dass sie diese am liebsten dauernd spüren wollten, und einige blieben deshalb noch mehr als 20 Minuten nach dem Ritual im Schweigen und Genießen. Keiner konnte es fassen oder glauben, wie einfach es ist, mit der göttlichen Energie in Berührung zu kommen.

Energieübertragung beim „Onlinegehen"

Für mich muss alles einfach gehen und für jeden nachvollziehbar sein. Je komplizierter eine Sache erklärt und ausgeführt wird, umso skeptischer werde ich. Die guten Dinge sind einfach!

Ich bin froh, den Schritt gemacht zu haben

„Als ich von Deiner Energiearbeit hörte, wurde ich neugierig. Was würde sich hinter diesen Seminaren verbergen? Ich fragte einige Teilnehmer nach ihren Erfahrungen und erhielt ausnahmslos positive Feedbacks. Also entschied ich mich, es mit der Energiearbeit zu versuchen.

Heute bin ich froh, diesen Schritt gemacht zu haben. Die Seminar-Inhalte waren für mich wertvoll und erhellend. Sie wurden praxisorientiert und anschaulich vermittelt. Meine ersten eigenen Fortschritte spornten mich an, dranzubleiben.

Dass ich beim Folgeseminar akury 2 sämtliche (!) Teilnehmer des ersten Seminars wieder traf, spricht eindeutig für Dich und die Qualität der Arbeit. Auch die Herzlichkeit, Offenheit und die wunderbare Gastfreundschaft, die man im akury-Institut erlebt, ist etwas ganz Besonderes. Ich habe das akury-Seminar Freunden empfohlen und deren positives Feedback bestätigt, dass es die richtige Entscheidung war."

K. L., Münster

Wie die Kraft der Gedanken Materie beeinflusst

Als Energiearbeiter und Entwickler der Informations-Chips wurde ich oft zu Professor F. A. Popp (einem deutschen Biophysiker, der sich seit den 1970er Jahren der Erforschung so genannter „Biophotonen" widmet) nach Neuss eingeladen und nahm in dessen Institut zusammen mit anderen Heilern an Forschungen und Testungen teil. Eines Tages kam eine Delegation aus Belgien mit frisch gewonnenen Tumorzellen. Die Biophotonenabstrahlung der Tumorzellen wurde zunächst ermittelt. Danach sollte ich zusammen mit einer belgischen Heilerin über einen Zeitraum von 15 Minuten die Krebszellen durch eine bleiummantelte Kapsel mental positiv beeinflussen. Während dieses Vorgangs wurden die Biophotonen gemessen. Die Austestung ergab, dass wir etwas zum Positiven verändert hatten. Aber diese Veränderung blieb nicht stabil, die Photonenabstrahlung der Tumorzellen fiel nach 30 Minuten wieder in den ursprünglichen Zustand zurück.

Damit hatten wir bewiesen, dass mentale Kräfte, ob positiv oder negativ, auch vor einer Bleiummantelung nicht Halt machten und Einfluss auf eine Substanz nahmen. Um überhaupt einen Effekt erzielen zu können, war es wichtig, mit den Tumorzellen in Resonanz zu stehen und Kraft der Gedanken eine Veränderung herbeizuführen. Vielleicht sind wir mental irgendwann in der Lage, viele Krankheiten auf diese Art zu heilen.

Bei meinen Seminaren spielt nicht nur die räumliche Atmosphäre eine wichtige Rolle, sondern auch das leibliche Wohlergehen. Meine sehr liebevolle Ehefrau Doris, „mein Engel", verwöhnt die Teilnehmer durch ihre kulinarischen Kochkünste während des gesamten Seminars. Manche Teilnehmer fühlen sich bei uns so wohl, dass sie gerne bleiben möchten. Es ist eine ganz besondere, liebevolle und kraftvolle Energie, die sich während des Seminars aufbaut, die mancher Teilnehmer bislang so noch nicht kannte. Die Seminare finden heute in unserem Haus in Annelsbach statt. Das über 1.500 m² große Grundstück wurde von mir durch mehrere Steinkreise versehen, die das Energieniveau so anheben, dass an diesem Ort ein beachtlicher Kraftplatz entstand.

Die Fachwelt zeigt großes Interesse

Irgendwann erhielt ich von dem bekannten Arzt Dr. Dietrich Klinghardt die Einladung, nach Kirchzarten zu kommen, um einen Vortrag über den „akury eProtect" zu halten.

Zur Person (Auszug aus der INK Webseite): „Dr. med. Dietrich Klinghardt ist Arzt, Wissenschaftler und Lehrer. Die von ihm entwickelten Methoden zur Diagnostik und Therapie sind ein lebendiges System, in das ständig neue Erfahrungen aus seiner ärztlichen Praxis, aus Wissenschaft und klinischer Forschung einfließen und so seine Lehre kontinuierlich erweitern. Dietrich Klinghardt (*1950 in Berlin) studierte in Freiburg Medizin und arbeitet seit 1982 als Arzt in den USA. Früh schon spezialisierte er sich auf die Behandlung chronischer Erkrankungen. Er interessierte sich nicht nur für das Erscheinungsbild einer Erkrankung, sondern begann nach deren Ursache zu forschen. Schnell stieß er dabei an die Grenzen der konventionellen Medizin, eignete sich vielfältige alternative Methoden an, und entwickelte im Lauf der Jahre eigene, auf Kinesiologie beruhende Diagnose- und Therapieformen (Autonomer Regulationstest, Psycho-Kinesiologie, Mentalfeld-Techniken), die inzwischen als ANK – Angewandte Kinesiologie nach Dr. Klinghardt – in die Medizin eingegangen sind."

Dr. Klinghardt benutzte den Chip zu therapeutischen Zwecken und trug ihn während seiner langen Flugreisen am Körper, um die Auswirkungen des Jetlags abzumildern. Als ich meinen Vortrag vor über 75 Teilnehmern erfolgreich gehalten hatte, meldete sich eine Ärztin aus dem Publikum und erklärte den Teilnehmern, dass sie mit solchen Produkten wie dem „akury eProtect" nichts anfangen könne. Es gäbe mittlerweile eine Vielzahl gleichwertiger Produkte auf dem Markt, und sie könne es gar nicht einschätzen, welche nun gut oder weniger gut geeignet wären. Sie hätte ihre eigene Methode des Schutzes entwickelt und segne beispielsweise jeden Tag ihr Essen.

Ohne auch nur einen Augenblick zu zögern bestätigte ich ihr, dass Rituale dieser Art mit Sicherheit eine sehr gute Wirkung haben, und wir würden keine Ärzte, Therapeuten, Medikamente und Nahrungsergänzungsmittel benötigen, würden in diesem Moment auch nicht hier sein müssen, wenn wir jede Sekunde unseres Lebens an die göttliche Energie angebunden wären. Ich schaute in die erstaunten Gesichter der Zuhörer, die neugierig an meinen Lippen hingen und wissen wollten, was da nun als Nächstes von mir kommen würde. Die Informationen sprudelten einfach so aus meinem Mund, und ich bemerkte sogar für einen kurzen Augenblick, dass ich in diesem Moment nur ein Sprachrohr für eine höhere Instanz war. Ich dachte nicht nach, sondern sprach aus, was ich an Informationen zur Verfügung gestellt bekam:

„Gott ist in uns, aber wir sind nicht immer mit Gott." Genau das ist der Kernpunkt: „Wenn wir immer in der göttlichen Energie wären, bräuchten wir das alles nicht. Da wir nun aber nicht jede Sekunde unseres Lebens mit der göttlichen Energie verbunden sind, habe ich diese Produkte entwickelt, die uns helfen sollen, das Leben in unserem Alltag etwas zu erleichtern."

Nach dieser Ausführung gab es tosenden Applaus, einige Teilnehmer standen dabei sogar auf. Nach dem Vortrag war ich von einer Traube von Menschen umgeben, die unbedingt meine Produkte kaufen wollten. Innerhalb kürzester Zeit war alles ausverkauft, denn auf so einen Ansturm war ich nicht vorbereitet. An diesem Abend lernte ich auch eine Ärztin kennen, die an dem Verkauf meiner Produkte sehr interessiert war. Ihr Name ist Dr. Doris Goldschmidt, und heute sie ist meine Ehefrau.

Durch meine Vorträge in der Fachwelt habe ich im Laufe der Zeit einen sehr guten Ruf als Baubiologe und Bioenergetiker erlangt. Meine Referate finden Beachtung und brachten bisher schon so manchen Schulmediziner dazu, seine vorgefasste Meinung über die Alternativmedizin und Energiearbeit zu überprüfen und sich eine andere Sichtweise zu erlauben.

Ein verblüffendes Experiment

Während einer Testung machte ich Bekanntschaft mit einer Heilpraktikerin, deren Spezialgebiet die Dunkelfeldmikroskopie ist. Ich war neugierig und wollte wissen, wie das funktioniert. Kurz entschlossen stellte ich mich für eine Eigentestung zur Verfügung. Für die Blutuntersuchung im Dunkelfeld entnahm sie mir aus der Fingerbeere einen Tropfen Blut, den sie mittels eines Objektträgers unter dem Mikroskop mit einer bis zu 1000-fachen Vergrößerung untersuchte. Durch die hochmoderne Videotechnologie konnte ich die Untersuchung am Bildschirm verfolgen und selbst einen Blick in die faszinierende Welt meines Blutes werfen. Ich war von dieser Methode sehr beeindruckt. Schnell interpretierte sie mein Blutbild, das viele Geldrollen aufwies. Geldrollen sind verklebte Erythrozyten, die sich bei zu starken Stressoren, wie z. B. Elektrosmog oder Schwermetallbelastungen, bilden können. Sie führte die Untersuchung dreimal durch, ohne dass sich etwas Wesentliches veränderte.

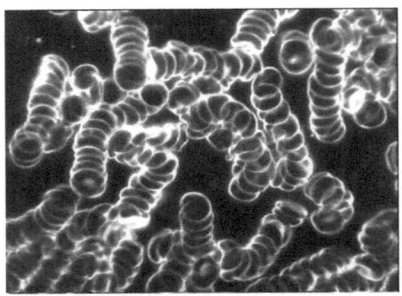
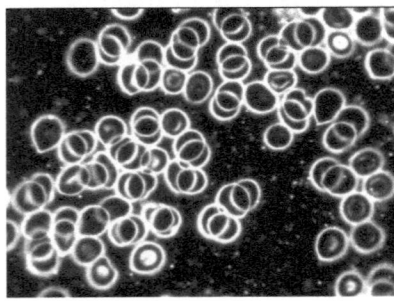

Das Blutbild vor und nach der Meditation

Ich bat sie danach um eine zehnminütige Pause, die ich für ein Experiment nutzen wollte. Während dieser Zeit meditierte ich und visualisierte, dass sich die Verklumpungen auflösen und mein Blut eine ganz normale Fließeigenschaft hat. Danach bat ich sie, den Test nochmals durchzuführen. Die Objektträger von den vorherigen Untersuchungen lagen nach wie vor auf dem Ablagetisch. Das Ergebnis der Testung war für sie so überraschend, dass sie mich fragte, ob ich während der Pause ein Medikament genommen hätte. Mein Blut war normal und zeigte keinerlei Verklumpungen mehr auf. Ich erklärte ihr meine Vorgehensweise, die für sie wiederum sehr plausibel war. Nun bekam ich den Impuls, die vor ihr liegenden Objektträger aus den ersten Tests nochmals von ihr untersuchen zu lassen. Wir waren von diesem Ergebnis sehr beeindruckt, denn auch diese Blutproben, die vorher eindeutige Verklumpungen aufwiesen, zeigten nun keine Geldrollen mehr auf. Wir wussten zunächst nicht, wie dieses Phänomen überhaupt zustande kommen konnte.

Erst später gab mir die Quantenphysik hierfür eine plausible Erklärung. Alles ist miteinander verbunden, und ob sich ein Teil von mir innerhalb oder außerhalb meines Körpers befindet, wie in diesem Fall die Blutstropfen, ist vollkommen irrelevant. In dem Moment, in dem ein Teilchen von mir positiv oder negativ beeinflusst wird, hat es einen Einfluss auf das gesamte System, unabhängig von Zeit und Raum. In der Quantenphysik wird dieses Phänomen als „Verschränkung" bezeichnet. Im Verlauf meiner Seminare erzähle ich meinen Teilnehmern immer diese Geschichte und frage sie nach der Botschaft, die dahintersteckt.

Außer der Erkenntnis, dass „alles eins ist", steckt noch wesentlich mehr dahinter. Genau genommen bedeutet es, dass ich mit der Kraft meiner Gedanken mein Befinden selbst steuern kann! Ich wende die Visualisierungstechnik sehr häufig bei kranken Menschen an. Richtig angewandt, kann sie eine Therapie enorm unterstützen und den Heilungsprozess in Gang bringen oder sogar beschleunigen.

Die Geburt der Informations-Chips

Im Herbst fuhr ich nach Saalfelden in Österreich. Dr. Charles Krebs war gesundheitlich sehr angeschlagen und konnte die Treppenstufen in sein Appartement kaum noch hinauf gehen. Ich hatte den Wunsch, ihm zu helfen, und nahm dazu einen Chip-Rohling. Empathisch und intuitiv nahm ich wahr, welche Frequenzen für Charles' Genesung hilfreich wären, und übertrug diese auf das Trägermaterial des Chips. Nach dem Abendessen überreichte ich Dr. Krebs den informierten Chip und lud ihn ein, diesen über Nacht bei sich zu tragen. Dr. Krebs kam am nächsten Tag wie neugeboren die Treppe herunter und fragte mich, was ich mit ihm gemacht hätte, denn es ginge ihm merklich besser. Er fragte mich, ob er den Chip behalten dürfe, ich stimmte zu und hörte eine Weile nichts mehr von ihm.

Nach mehr als einem halben Jahr erhielt ich eine Mail von Dr. Charles Krebs, in der er mir begeistert berichtete, dass er mit diesem Chip unglaublich gute Erfolge bei der Balancierung und Stabilisierung von Muskeln erziele und viel Zeit bei seinen Patienten damit einspare. Ich verbesserte und erweiterte das Frequenzspektrum für den Chip und schickte ihm die neuen Prototypen namens „Muscle-Chip" nach USA.

Beim nächsten Zusammentreffen mit Dr. Krebs machten wir uns über mehrere Tage Gedanken, welche Informations-Chips für den menschlichen Organismus zunächst am wichtigsten wären.

Ein heutiger akury Informations-Chip

Dr. Charles Krebs gab mir die notwendigen Informationen, um diese Chips zu fertigen. Gemeinsam entwickelten wir so die ersten drei Informations-Chips, denen wir die Namen TA-harmony (Thinking Advance), O2-harmony und AWYN (all-what-you-need) gaben. Wenige Wochen später folgten die Chips LEA (Life Energy Activator) und FEH (Five Elements Harmonization).

Damit war ein neues Zeitalter der Informationsmedizin angebrochen. Seit 2011 wurden von mir weit über 80 themenbezogene Informations-Chips erarbeitet, die heute weltweit von Ärzten und Therapeuten geschätzt und angewendet werden. Als übergeordneten Begriff für die Informations-Chips habe ich „Bioenergetisches Informationsmanagement" gewählt.

Teil III

Die Arbeit mit den Informations-Chips

Wie werden die Informations-Chips entwickelt?

Die Erstellung eines Chips ist sehr vielschichtig und bedarf einer systematischen Vorgehensweise. Die Impulse für die Erarbeitung eines neuen Informations-Chips erhalte ich meist von den Anwendern. Ich beschäftige mich im ersten Schritt mit dem Thema des Chips, durchleuchte die komplexen Zusammenhänge und mache dazu genaue Aufzeichnungen. Da ich weiß, dass alles, was schwingt auch resonanzfähig ist, finde ich im zweiten Schritt die resonanzfähigen Frequenzen, die im dritten Schritt wie bei der Erstellung eines Software-Programms zusammengefügt werden. (Vergleichbar mit einem Orchester, in dem alle Instrumente im Einklang miteinander eine Symphonie ergeben.)

Wenn ich einen neuen Informations-Chip herstelle, klinke ich mich immer zusätzlich in das Bewusstseinsfeld (morphogenetische Feld) ein, um weitere wichtige Informationen zu erhalten, die ich für den Informations-Chip benötige.

So fragte mich beispielsweise vor einiger Zeit ein Therapeut, ob ich nicht einen Chip für ein stabiles Kreislaufsystem herstellen könnte. Beim Erstellen dieses Chips bekam ich zusätzlich folgende Informationen, die für die optimale Funktion von wesentlicher Bedeutung waren: „Neben der Kreislauffunktion ist auch der Rhythmus wichtig. Unser Leben ist von einer Vielzahl von Rhythmen geprägt, die uns beeinträchtigen, wenn sie aus dem Takt geraten, wie Atemrhythmus, Herzrhythmus, Biorhythmus, Schlaf-Wach-Rhythmus oder Arbeitsrhythmus. Nicht zuletzt sind wir dem Rhythmus der Jahreszeiten und der planetaren Konstellationen ausgesetzt".

Im nächsten (vierten) Schritt werden alle diese Informationen in Form von Frequenzen und letztendlich Programmen auf das Trägermaterial aufgeprägt. Das Trägermaterial besteht aus 15 verschiedenen Substanzen, das letztendlich wie ein USB-Stick als schwingender Datenspeicher dient.

Danach ist der Informations-Chip fertig und wird, bevor er in den Handel geht, einer ausgiebigen Testung unterzogen. Ein Team, bestehend aus ca. 10 Therapeuten, prüft den neu erstellten Informations-Chip über einen längeren Zeitraum in der praktischen Anwendung. Bei dem oben genannten Beispiel handelt es sich um den Informations-Chip „Healthy Rhythm".

Für wen akury Informations- und eProtect-Chips hilfreich sind

Natürlich könnte jeder seine Kraft, Energie und auch sein Befinden selbst steuern, eine gewisse mentale Stärke und Vorstellungskraft vorausgesetzt. Doch dies bedarf eines gewissen Trainings, wenn derjenige nicht gerade ein Naturtalent ist. Um den Menschen das Leben etwas zu erleichtern, habe ich nach den quantenphysikalischen Gesetzen der Verschränkung und Resonanz die Informations-Chips entwickelt. Auf eine sanfte Weise werden die gewünschten Frequenzmuster über die Chips dem Informationsfeld des Klienten angeboten, um die erforderlichen Stabilisierungs- oder Heilungsprozesse im Körper auszulösen. Außer der Aktivierung der Selbstheilungskräfte zur Bewältigung von gesundheitlichen Problemen gibt es in unserem Alltag eine Vielzahl von weiteren Anwendungsmöglichkeiten:

- Aufrechterhaltung der Konzentrationsfähigkeit
- Abrufen der optimalen Leistungsfähigkeit
- Ruhe und Gelassenheit in stressigen Situationen
- Stärkung der Mentalkraft
- Schnellere Regeneration von den Belastungen des Alltags
- Schnellere Entspannung in Ruhephasen und
- tiefer und erholsamer Schlaf.

Wir alle sind heute vielfältigen Stressoren ausgesetzt, die durch Funkmasten, Bildschirmarbeitsplätze, Smartphones oder unsere temporeiche Lebensweise verursacht sind. Hier kommen die Informations-Chips zum Einsatz: Sie können auf unser Immunsystem unterstützend wirken und somit unseren Körper auf allen Ebenen stabil halten. Aber auch bei hoher Stressbelastung, Konzentrationsstörungen, Energiemangel, Burnout, Depression und Chronique Fatique sind die entsprechenden Informations-Chips hilfreich. Mittlerweile sind weit über 80 themenbezogene Informations-Chips erhältlich.

Die Bioenergetische Hausapotheke

Es gibt thematisch geordnete Sets und viele Anwender stellen sich ihre „Bioenergetische Hausapotheke" nach ihrem persönliche Bedarf zusammen.

Informations-Chips für eine
Vielzahl von Anwendungsgebieten

Die Einsatzgebiete der Chips sind vielfältig, u.a. nutzen viele Therapeuten die Informations-Chips als Diagnostik-Instrument und zur Unterstützung der Therapie.

Die Informations-Chips eignen sich für alle Menschen unabhängig von Alter, Geschlecht oder Beruf. Ihre Anwendung ist recht einfach: Man wählt den Chip für den gewünschten Themenbereich aus und trägt ihn am Körper, beispielsweise in der Hemd- oder Hosentasche. Die Chips lassen sich außerdem noch gut miteinander kombinieren. Anders als bei Medikamenten, bei denen auf eine genaue Dosierung geachtet werden muss, ist die Dauer der Anwendung unbegrenzt möglich, denn der Körper nimmt nur die Schwingungen von den Chips auf, die er benötigt, um disharmonische Informationen durch harmonische zu ersetzen.

Welche Vorteile die akury Informations-Chips bieten

Die Vorteile der Informations-Chips umfassen sechs Punkte:

1. Sie sind einfach anwendbar, da sie am Körper getragen, d.h. irgendwo an der Kleidung befestigt oder in eine Tasche gesteckt werden können.

2. Sie können gezielt nach Bedarf, themen- und situationsbezogen eingesetzt werden.

3. Durch ihr natürliches Wirkprinzip unterstützen die sie die Selbstheilungskräfte des Organismus.

4. Die „akury Informations-Chips" sind nicht an Personen gebunden und somit für die ganze Familie nutzbar.

5. Sie sind dauerhaft wirksam und verbrauchen sich nicht, auch wenn sie sehr starken elektromagnetischen Feldern ausgesetzt werden. Sie behalten ihre Wirkkraft mindestens 10 Jahre.

6. Sie wirken auf eine sehr sanfte Art.

Was sagt die Wissenschaft?

Die Informations-Chips bestehen aus einem Kunststoffblättchen im Format eines abgerundeten Quadrates von ca. 20 x 20 mm. Darauf ist eine Mischung aus Trägersubstanzen aufgebracht, die je nach Wirkbereich informiert bzw. energetisch aufgeladen wird.

Die akury Informations-Chips werden alle in Handarbeit gefertigt und von mir überprüft, bevor diese an die Kunden ausgeliefert werden.

Für den „akury eProtect" wurde die positive Wirkung durch eine umfangreiche Studie von der Universität Mainz belegt. Da alle Informations-Chips nach dem gleichen Prinzip und Verfahren hergestellt werden und sich nur in den Frequenzmustern unterscheiden, darf daraus gefolgert werden, dass auch bei allen anderen Informations-Chips eine Wirksamkeit vorliegt. Einzelfalluntersuchungen mit dem EEG bestätigten diese logische Schussfolgerung.

Außer der Studie gibt es ein Gutachten, das von einem unabhängigen Institut (IIREC) erstellt wurde, in dem die Wirksamkeit des „akury eProtects" nochmals bestätigt wurde.

Die akury-Informations-Chips werden bereits von einer Vielzahl von Therapeuten weltweit angewendet. Die Informations-Chips sind sehr vielfältig anwendbar und werden von den Therapeuten für die Diagnostik sowie auch zur Unterstützung während der Therapie eingesetzt.

Ein Therapeutennetzwerk befindet sich gerade im Aufbau. Das hat den Vorteil, dass die Hilfesuchenden ihre Therapeuten zukünftig durch die Eingabe der Postleitzahl finden können.

Meine Inspirationen, einen neuen Informations-Chip zu erstellen, erhalte ich in der Regel von den Therapeuten und Kunden.

Im Laufe der Jahre habe ich in enger Zusammenarbeit mit den Anwendern und deren Erfahrung aus der täglichen Praxis, eine Vielzahl von Möglichkeiten und Kombinationsvarianten erarbeitet, wie die Informations-Chips im täglichen Gebrauch am sinnvollsten anzuwenden sind.

So gibt es Informations-Chips, die jeder brauchen kann und die uns helfen sollen, unseren Lebensalltag zu erleichtern. Ich habe diese Informations-Chips auch als „Chips für Jedermann" bezeichnet, da sie zur Lösung für eine Vielzahl der heutigen Probleme der Menschen beitragen. Zu ihnen zählt beispielsweise der Informations-Chip „Tiefer erholsamer Schlaf". Ein Großteil der Menschen fühlt sich heute „stressgeplagt". Die Hetze des Alltags macht ihnen immer mehr zu schaffen und kann sogar die Gesundheit erheblich beeinträchtigen. Viele bearbeiten unerledigte Arbeitsvorgänge gedanklich noch im Bett ab. In Kombination mit dem Anti-Stress-Chip „Relaxation/Entspannung" und dem Chip „Quick Recovery/Schnelle Erholung", wird die Basis für eine tiefe Entspannung geschaffen.

Eine weitere fast unverzichtbare Kombination bietet der Informations-Chip „Concentration/Konzentration" in Verbindung mit den Chips „Memory/Erinnerung" und „Keep Cool/Bleibe ruhig". Wer möchte sich nicht mit einer fokussierten Klarheit, ruhig und gelassen seiner Aufgaben widmen, effektiv arbeiten, in schwierigen Situationen den Überblick bewahren und klare Entscheidungen treffen können?

Erstaunliche Ergebnisse.

Ja, wir haben erstaunliche Ergebnisse mit folgenden Chips erreicht:

Konzentrations-Chip: Erstaunliche Erdung und Unterstützung bei College-Examensschülern. Getragen 12 Stunden pro Tag in der Kleidung

Chip Deep Restful Sleep: Hat Menschen mit Darmproblemen geholfen, die nachts ständig aufstehen, um auf die Toilette zu gehen. Ihr gestörtes Schlafmuster beruhigte sich mit diesem Frequenz-Chip und sie haben nun einen ungestörten Nachtschlaf aufgenommen.

Bisher sind dies die erfolgreichsten Chips. Wir sind weiterhin im Untersuchungs-Prozess. Ich werde Sie in Kürze mit weiteren Informationen auf dem Laufenden halten.

Philip Rafferty, Kinesiologe, Deloraine (Australien)

Ausgeglichener, freier und dennoch konzentriert und energievoll

Immer noch beeindruckend ist für mich der Einsatz der Informations-Chips. Sie helfen mir in schwierigen Situationen, bringen mein Leben in Balance und erhöhen meine Leistungsfähigkeit. Deutlich spürbar war für mich, dass ich nicht mehr mit „angezogener Bremse" einerseits und mit permanenter Höchstleistung andererseits durchs Leben gehen muss, sondern dass es mir zunehmend möglich ist, ausgeglichener, freier und dennoch konzentriert und energievoll meinen Alltag zu gestalten.

Inge Berg, Höchst/Odw.

Beruhigender „Zauberchip"

Ich möchte mich aus tiefstem Herzen für die Ehrlichkeit, Hilfe und liebevolle Betreuung bedanken. In einer ziemlich harten Krise habe ich den Keep Cool-Chip in die Hand bekommen. Das war mein beruhigender „Zauberchip". Er hat mir sehr geholfen, mich zu beruhigen.

R.S. Höchst/Odw.

Erstaunt, wie gut ich durch die OP ging

Ich wollte Ihnen ein Feedback zu den Schmerzpflastern geben. Ich selbst hatte ein Schmerzpflaster unmittelbar nach meinem Kaiserschnitt etwa auf der Hälfte der Strecke zwischen Bauchnabel und Narbe aufgeklebt. Schon in den ersten Tagen nach der Entbindung habe ich die mir angebotenen Schmerzmittel nur zur Hälfte eingenommen und in den darauffolgenden Tagen auf eine Tablette morgens und eine Tablette abends reduziert.

Ich habe mich extrem schnell erholt und habe so gut wie keine Unterstützung durch die Pflegekräfte mehr benötigt. Insgesamt waren die Ärzte und Schwestern beim Anblick des Pflasters recht skeptisch, aber positiv eingestellt. Sie waren erstaunt, wie gut ich durch die OP ging und in den darauffolgenden Tagen unterwegs war.

Vicky Bobe, Kinesiologin, Hilzingen.

Schmerz und Fibromyalgie

Ein weiterer, sehr beliebter Chip ist für die Linderung von Schmerzen gedacht und trägt den Namen „Relief/Linderung". Der Linderungs-Chip trägt dazu bei, die durch physische und/oder psychische Wunden entstandenen, zum Teil schmerzhaften Energiestauungen zu lindern oder aufzulösen, wodurch mehr Wohlbefinden entstehen kann.

Zum Thema Schmerzen habe ich für die von Fibromyalgiesyndrom geplagten Menschen einen speziellen Chip entwickelt. Fibromyalgie ist ein Beschwerdekomplex, bei dem starke Muskelschmerzen im ganzen Körper im Vordergrund stehen. Der Begriff bedeutet wörtlich „Faser-Muskel-Schmerz". Der Chip wurde bereits an mehreren Fibromyalgie-Klienten erprobt und zeigt erstaunliche Linderungsmerkmale.

Eine Linderung, die zunächst nicht spürbar war

Einer guten Freundin, die an Fibromyalgie leidet, gab ich den Fibro-Chip zur Testung. Bei ihr gab es Phasen, wo sie es nicht einmal mehr schaffte, morgens vor Schmerzen aus dem Bett zu kommen, geschweige denn ihren Alltag zu verrichten. Nach ca. sechs Wochen fragte ich sie, ob der Chip schon seine Wirkung gezeigt hätte. Sie meinte, dass der Chip bislang keinerlei spürbare Linderung bei ihr gebracht hätte. Wenige Minuten später erzählte sie ganz stolz meiner Frau, dass sie gestern das erste Mal wieder den ganzen Tag im Garten gearbeitet und seit einiger Zeit die starken Schmerzmittel um die Hälfte reduziert hätte. Daraufhin fragte ich sie, seit wann es ihr denn besser ginge, worauf sie nachdenklich wurde. Nach kurzer Überlegung sagte sie „eigentlich, seit dem ich den „Fibro-Chip" bei mir trage".

Ich selbst erlebe immer wieder, dass die meisten Menschen einer modernen Methode erst einmal skeptisch gegenüberstehen und die Informations-Chips vor dem Kauf ausprobieren möchten. Ich überlegte lange, wie ich eine Vertrauensbrücke zu einem Interessenten aufbauen könnte und entwickelte ein Linderungspflaster und ein Pflaster mit den Schwingungen des „Tiefer-erholsamer-Schlaf-Chips", das der Anwender aufkleben kann. Die Pflaster sind erheblich günstiger und bieten dem

Anwender eine gute Möglichkeit, vor dem Kauf eines Informations-Chips, deren Wirkung zu testen.

Eine weitere Chip-Kombination ist für Menschen gedacht, die den hohen Anforderungen des Arbeitsalltags standhalten müssen. Hierbei spielt es keine Rolle, ob es sich um eine körperliche oder geistige Arbeit handelt. Zu ihnen zählen beispielsweise hart körperlich arbeitende Menschen im Baugewerbe, Leistungs- und Spitzensportler, Manager, Studenten oder auch Schüler.

Die hier in Betracht kommenden wesentlichsten Informations-Chips sind:

„Quick Recovery/Schnelle Erholung", denn dieser Chip soll nach einer geistigen und/oder körperlich anstrengenden Phase zu einer schnellen Erholung führen. Ferner soll er zu einer bestmöglichen Sauerstoffaufnahme und Verwertung sowie zur schnelleren Entgiftung und zum Abtransport von Schlackenstoffen aus den Organen und im Blut beitragen. Er eignet sich für Sportler und Menschen, die geistig und körperlich hohe Anforderungen erfüllen müssen.

In Verbindung mit dem Informations-Chip „Mental Strength/Mentale Stärke" zeigt er eine gute Wirkung, denn ob Freizeit-, Leistungssportler, Student oder Topmanager, die mentale Stärke macht es oft aus, noch erfolgreicher zu sein. Dieser Chip fördert die Fähigkeit, auf den Punkt genau fokussiert und konzentriert zu sein, um die optimale Leistung abrufen zu können. Er fördert die Möglichkeit des Visualisierens und des Vorstellungsvermögens, um über seine eigenen Grenzen hinaus zu denken und zu handeln.

Ein weiterer sehr begehrter Informations-Chip ist der „Reboot Kick/Neustart". Ganz häufig kommen Menschen zu mir, die sich energielos oder antriebslos fühlen und kaum mehr in der Lage sind, ihren Arbeitsalltag zu bewältigen. Meist befinden sie sich kurz vor dem Burn-Out oder gar am Anfang einer tiefen depressiven Phase. Dieses Stadium ist vergleichbar mit einem Computer, dessen Akkus fast leer sind. In diesem Fall benötigt man einen Impuls, um ihn wieder hochfahren zu können. So ist es auch beim Menschen, dessen Akkus nahezu leer sind und der aus den Phasen der Energielosigkeit oder gar tiefen Depression wieder herauskommen will. Die Funktion des „Reboot Kick" ist es, entsprechende Impulse zu geben, die dazu beitragen, sich aus diesem Dilemma zu befreien.

Die Zauberkraft des „Reboot Kick"

Ich war total erschöpft und nicht mehr dazu fähig, meiner Arbeit nach zu gehen. In letzter Zeit kam ich morgens noch nicht einmal mehr aus meinem Bett heraus. Ich hatte keine Schmerzen, die auf eine ernste Krankheit zurückzuführen wären, sondern so schlapp und antriebslos, dass ich nicht mehr hochkam.

Eines Tages kam ich über meine Heilpraktikerin an den Reboot Kick, der mich im wahrsten Sinne des Wortes aus meiner Energie- und Antriebslosigkeit herauskatapultierte. Ich konnte bereits am nächsten Tag wieder selbst einkaufen gehen und zwei Tage später an der Einschulungsfeier meines Patenkindes teilnehmen.

Vielen Dank, dass es so etwas Wunderbares gibt.

C. F. aus Überau

Zu meinem Erstaunen werden die Informations-Chips sogar erfolgreich bei Tieren angewandt. Ich bekomme immer wieder die Bestätigung, dass die Tiere besonders gut auf die Informations-Chips reagieren

Für Tierheilpraktiker nützlich

Ich bin seit 13 Jahren als Tierheilpraktikerin/Psychokinesiologin für Tiere in eigener Praxis tätig. Seit ca. 4 Jahren setze ich die Info-Chips auch bei den Tierbehandlungen erfolgreich ein. Insbesondere Basic Trust, Keep cool, NHN, SERC, EMO und FA. Da hier kein Placeboeffekt zu erwarten ist, bin ich immer wieder von den positiven Reaktionen der Tiere auf die Informations-Chips überrascht. Vielen Dank Herr Wenner für Ihre Arbeit.

Nicole Nek, Tierheilpraktikerin in Wiesbaden

Wie Informations-Chips angewendet werden

Die Anwendung ist recht einfach: Man wählt den Chip für die gewünschte Wirkung aus und trägt ihn am Körper. So werden während des Tragens die bioenergetisch wirksamen Frequenzen in den Organismus eingeschwungen. Die Chips lassen sich auch gut miteinander kombinieren.

Mein Tipp für den Einsteiger ist, es einfach einmal auszuprobieren. Das Ziel sollte es immer sein, die eigene Energie und Kraft und das eigene Befinden zu steuern. Man kann nichts falsch machen, denn der Körper nimmt nur die Schwingung auf, die er benötigt.

Einsteigern empfehle ich, zunächst mit zwei oder drei Informations-Chips zu experimentieren. Falls jemand nicht zufrieden ist, kann er die Chips binnen drei Wochen zurückgeben.

Meine Vision: Die Zukunft der Bioenergetischen Information

Immer mehr Menschen auf der ganzen Welt erkennen, dass es neben der Schulmedizin mittlerweile eine große Bandbreite von alternativen Möglichkeiten gibt, die der Gesunderhaltung oder Gesundung dienen.

Obwohl der von mir geprägte Begriff des „Bioenergetischen Informationsmanagements" bis dato noch sehr neu ist, wird er in den nächsten zwanzig Jahren zu einem alltäglichen Begriff werden. Die Anwendung

Heiko Wenner mit einem Sortiment Informations-Chips

der Informations-Chips wird wie das tägliche Zähneputzen zu unserem Alltag gehören.

116

Die physikalische Medizin wird die biochemische Medizin überflügeln. Die Menschen werden lernen, ihre Lebensenergie selbst zu steuern.

Als Botschafter des Bioenergetischen Informationsmanagements lade ich Sie zum Besuch einer meiner Vorträge oder Energie-Seminare ein. Weitere Informationen hierzu finden Sie auf

www.akury-energiearbeit.de oder www.akury.de.

Résumé

Eines Abends saß ich in einer stillen Stunde auf unserem Balkon, ließ meinen Blick über die weite Hügellandschaft des Odenwaldes in die Ferne schweifen und dachte über den Verlauf meines Lebens nach. Dabei wurde mir immer bewusster, dass alles in meinem Leben schon vorgegeben war. Ich sah die entscheidenden Lebensphasen vor mir, die sich nun wie einzelne Puzzleteile zu einem Gesamtbild zusammenfügten. Dabei erkannte ich, dass nichts in meinem bisherigen Leben umsonst war. Alles hatte seinen Sinn und hat mich zu demjenigen gemacht, der ich heute bin; auch befruchtet sich alles, was ich tue, gegenseitig.

Als „Baubiologischer Gesundheitsberater" erkenne ich die Problemfelder, die unsere Gesundheit auf Dauer beeinträchtigen und bei einem kranken Menschen die Heilungsprozesse hemmen oder gar zum Erliegen bringen können. Die Harmonisierung der festgestellten Störfelder trägt enorm dazu bei, mir meine Arbeit als Heiler zu vereinfachen. Die von mir entwickelten Informations-Chips runden das Gesamtkonzept ab. Sie wirken unterstützend und tragen zur Stabilisierung des bioenergetischen Systems bei.

In meinen Seminaren gehe ich natürlich auch auf alle drei Bausteine ein, denn diese dienen dem besseren Verständnis, „die Kraft, die Energie und das Befinden selbst steuern zu können."

Danksagung

Ich möchte mich nun bei all den Menschen bedanken, die mich in meinem Leben begleitet und unterstützt haben. Mein Dank gilt meiner Mutter, die mir trotz der damals schweren Bedingungen und schlechten Voraussetzungen das Leben schenkte. Meinem Vater, durch den ich meine Zähigkeit, Ausdauer und Beharrlichkeit gelernt habe. Meinen väterlichen Großeltern, die mir die Liebe, Respekt und Demut vor der Natur und den Tieren vermittelt haben. Meiner langjährigen Lebensgefährtin Ute, die mir in harten Zeiten immer zur Seite stand und mich auch finanziell unterstützte. Meinen über alles geliebten „Engel" Doris, die mich fördert und alles menschlich Machbare unternimmt, dass es mir gut geht. Ich danke allen Menschen, die mich bei der Entwicklung meiner Produkte unterstützen und an meiner Seite stehen, diese in die Welt zu bringen. Zu guter Letzt danke ich meinem Schöpfer, der mich glücklicherweise mit einer ausgezeichneten mentalen und auch physischen Stärke ausgestattet hat, sodass ich Ihm nach wie vor als gutes Werkzeug zur Verfügung stehen kann.

Zeitfracht Medien GmbH
Ferdinand-Jühlke-Straße 7
99095 Erfurt, Deutschland
produktsicherheit@kolibri360.de